이상하고 아름다운

밥벌이의 경제학

이상하고 아름다운
밥벌이의 경제학

류동민 지음

초판 1쇄 발행일 2022년 12월 27일

펴낸이 이숙진 **펴낸곳** (주)크레용하우스 **출판등록** 제1998-000024호
주소 서울 광진구 천호대로 709-9 **전화** (02)3436-1711 **팩스** (02)3436-1410
홈페이지 www.crayonhouse.co.kr **이메일** crayon@crayonhouse.co.kr

* 빛은책들은 재미와 가치가 공존하는 ㈜크레용하우스의 도서 브랜드입니다.

ISBN 978-89-5547-975-1 04300

이상하고 아름다운

밥벌이의 경제학

류동민 지음

빛은 책들

개정판 책머리에

이 책은 2013년도에 출간된《일하기 전엔 몰랐던 것들》의 개정판이다. 스스로 수행한 일의 결과물을 10여 년 만에 다시 꼼꼼히 훑어보는 것은 예상보다 유쾌하지 못한 작업이었다. 그러나 예전에 이미 글로 표현한 고통스러운 현실이 여전히, 오히려 더 나빠진 형태로 존재하고 있음을 새삼 되새기는 과정은 더 유쾌하지 못한 감정을 불러일으켰다. 특히 '유흥주점형 경제모델'이라고 나름 과감하게 이름 붙였던 현실은 이제 플랫폼경제라는 훨씬 더 강력하면서도 세련된 형태로 진화해 우리의 일상을 장악해 나가고 있다. 어느새 3여 년의 시간을 채워버린 코로나바이러스 사태는 사람들에게서 그 고통스러운 현실에 저항할 힘조차 앗아가고 있다. 그렇지만 감염병 이후에도 우리는 살아가야 하며, 살려면 일할 수밖에 없다. 우리 삶의 대부분을 차지하는 '일' 바깥에서, 그리고 일 자체에서 의미를 찾으려는 노력 없이 삶의 의미를 획득하는 것은 불가능하다.

개정판을 내는 작업은 ㈜크레용하우스 이상모 편집자의 고마운 제안과 뒤치다꺼리 덕분에 가능한 것이었으나, 실은 내심 바라마지 않던 것인지도 모르겠다. 10여 년이 지나면서 비록 내 책의 의미는 퇴색되었다 하더라도 일의 의미를 찾으려는 노력은 더욱 중요해졌을 것이라 믿고 있었기 때문이다. 개정판에서는 몇 가지 오류를 정정하고 문맥을 가다듬었으며 새로운 서술을 추가했다. 특히 글의 호흡을 가능한 한 짧게 가져가면서 일의 본질, 일을 둘러싼 고의적이고 비고의적인 오해들, 일의 미래 등에 관한 생각거리 등을 좀 더 명확히 드러내고자 노력했다.

오래전에 쓴 글도 아니건만 다시 보니 '정치적 올바름'에 둔감한 표현이나 서술이 꽤 있었음을 깨달았다. 당연히 필자의 무신경이나 역량 부족 탓이지만, 사회도 변했다. 그만큼 우리의 생각이나 문장은 사회적 산물이라는 뜻도 될 것이다. 보잘것없는 책 한 권도 그러하다면, 일의 의미를 찾고 모든 일에 정당한 보상을 부여하는 것은 사회적 변화에 의해서만 비로소 가능할 것이다. 이 책이 그러한 변화를 이끄는 데 티끌만 한 기여라도 할 수 있다면 더 바랄 나위가 없겠다. 새로 덧붙인 원고 중의 몇 단락은 〈경향신문〉과 〈내일신문〉에 썼던 칼럼에서 가져왔지만 따로 인용 표시는 하지 않았음도 밝혀둔다. 초판에서 에피소드의 주인공으로 등장했던 딸아이가 어느덧 취준생이 되었다. 가까운 미래에 우리와 우리 아이들의 '일'이 조금이라도 나아지기를 기원해본다.

2022년 겨울
류동민

초판 책머리에

목공 일을 배워보라고 권한 지인이 있었다. 일주일에 몇 시간만이라도 땀을 흘리며 몸을 움직이는 일을 하다 보면 머리도 맑아지고 삶에 대한 의욕도 생겨날 것이라고 했다. 흘려듣고 만 것은 어려서부터 워낙 손끝을 놀려 무얼 만드는 일에는 젬병이라 엄두가 나지 않았던 탓도 있거니와 문득 내게는 읽고 쓰는 것도 '일'이 아닐까 하는 생각이 들었기 때문이었다. 다만 나에게 읽고 쓰는 것이 일이라면, 삶을 걸고 열정적으로 일을 추구하는 분들이나 먹고살기 위해 힘든 일도 묵묵히 견뎌내는 분들에게 적어도 부끄럽지 않을 만큼은 해야 한다는 다짐을 해보았다.

그래서만은 아니지만 지난 가을과 겨울, 나로서는 드물게 많이 읽고 많이 쓰면서 시간을 보냈다. 그렇게 지낸 시간의 마지막 결과물을 이제 내어놓는다. 그러나 부끄럽게도 언제나 그렇듯 내 일의 '생산물'은 배고픈 이에게 건네는 따뜻한 밥 한 공기와 같은 수수한 거룩함도, 연인에게 바치는 장미꽃 한 송이와 같은 벅찬 설렘도 주지 못한다. 어쨌거나 우리는 삶을 살아내야 하는 것처럼, 나도 이 부끄러움을 딛고 계속 읽고 쓸 수 있기만을 바랄 따름이다.

사실 이 책은 내 입장에서는 그다지 새로운 내용을 담고 있는 것은 아니다. 강의나 글을 통해, 또 친구들과의 술자리에서 듣고 말해왔던 이야기들이다. 다만 이야기의 초점을 우리에게 '일'이란 무엇인지, 우리의 일하는 삶은 왜 점점 힘들어지기만 하는지, 기존의 경제학에서 어떻게 일을 무시하거나 왜곡하고 있는지 등에 맞추고자 노력하였다.

말하자면 '일'이라는 렌즈를 통해 우리가 사는 세상을 꼼꼼하게 들여다보자는 것이 이 책의 의도라고 할 수 있겠다. 세상을 하나의 렌즈로 바라보다 보면 때로는 지나친 일반화나 편협한 시각으로 치우칠 위험이 매우 크다. 그럼에도 '지금 여기'처럼 '일'이나 '노동'에 관한 시각이 일방적으로 치우쳐 있는 곳에서는 그 반대 방향으로 휘어주는 힘이 꼭 필요하다고 생각한다. 퇴고 과정에서 우스개처럼 이 책은 일하는 어른들을 위한 잔혹동화라고 말하고는 했는데, 때로 현실은 동화보다 훨씬 잔혹할 수도 있는 법이 아니겠는가?

책의 내용 중에는 〈한겨레〉와 자매지인 〈한겨레21〉, 〈이코노미 인사이트〉, 그리고 〈시사IN〉과 〈경향신문〉에 오랫동안 써왔던 글에서 일부를 가져와 문장을 다듬거나 보완하여 끼워 넣은 것들도 있다. 기명 칼럼의 저작권은 필자에게 있다는 법리 해석, 내용 전개상 꼭 필요한 최소한의 부분들만 가져왔다는 자기중심적 강변, 독자들의 읽기를 방해하는 편집은 가능한 한 줄여야 한다는 주제넘은 배려 등을 일일이 인용 표시를 하지 않은 도덕적 해이의 면책 요건으로 삼고자 한다.

당초 이 책은 웅진지식하우스의 이정규 씨가 먼저 내게 제안해온 것이었다. 제법 오래 걸렸던 기획 단계는 물론 초고를 쓰고 고치는 과정에서 우리는 온라인과 오프라인으로 여러 차례 만나 서로 의견을 주고받았다.

공저자로 이름을 올려도 전혀 손색이 없을 정도로 꼼꼼하고 날카로운 지적을 해준 그에게 감사한다. 때마침 안정된 분위기에서 읽고 쓸 수 있는 공간을 마련해준 후배 이건범에게도 고맙다는 말을 전하고 싶다.

2013년 봄
류동민

차례

프롤로그

오랜 세월이 흘러도 잊히지 않고 스틸 사진처럼 기억되는 장면들이 있다. 고등학생 때였을 것이다. 내가 살던 곳은 어느 대학 근처의 낡은 동네였는데, 거리에 나서면 지나다니는 젊은이의 절반은 그 대학의 학생, 나머지 절반은 술집에 나가는 여성들이었다. 강남이 본격적으로 개발되기 전, 시내 유흥가에서 비교적 가깝고 값싼 방이 모여 있는 까닭이었으리라. 어느 날, 그 여성 중 한 명이 친구에게 속삭이는 소리가 들려왔다. "아, 저 집!" 탄성 섞인 세 음절이 과연 전부였는지, 내 기억에 남은 것이 그뿐인지는 분명하지 않다. 그러나 바로 그 순간, 그리고 한참 뒤에도 가끔 그 장면을 떠올리면 마음이 아팠다. 그 사람이 가리키던 작은 이층집이 어린 내 눈에도 썩 훌륭해 보이지는 않았음에도 그 이층집을 사려면 그 사람이 얼마나 오랫동안, 어렵고 힘들게 돈을 모아야 할지를 어렴풋이 예감

했기 때문이다.

소득이 높은 사람은 대체로 자신의 상대적 소득을 과소평가하는 경향이 있다. 내 경험칙으로도 그렇거니와 믿을 만한 학문적 근거도 있다. 불평등 연구의 대가인 경제학자 앤서니 앳킨슨이 자신의 저서에서 여러 가지 사례를 들어 설명하고 있다. 그의 저서에 따르면 영국에서 소득 상위 1퍼센트에 너끈히 들어가는 변호사와 은행가들에게 소득 상위 10퍼센트의 수준을 맞혀보라 했더니 실제보다 네 배 이상 되는 금액을 말했다고 한다. 한편 빈곤층이 되는 경계 금액으로는 총소득의 중간값에 약간 못 미치는 수준을 대답했다. 보통 수준의 소득을 '빈곤'이라 여긴다는 뜻이다. 자신의 소득 수준을 과소평가하는 만큼이나 가난한 사람의 소득 수준은 과대평가하는 셈이다. 사람은 누구나 자신은 남들보다 열심히 산다고 착각하기 마련이니 그럴 법도 하다.

그렇다면 소득 수준이 낮은 사람은 어떨까? 혹시 자신의 소득은 과대평가하고 다른 사람들, 특히 잘사는 사람들의 소득은 과소평가하는 것이 아닐까? 실제로는 훨씬 더 낮은 위치에 있으면서도 '그래도 나는 진짜 없는 사람들보다는 낫다'고 자위하거나, 실제로는 훨씬 더 소득이 많은 사람들에 대해 설마 그 정도로까지 많을 것이라고는 상상하지 못하는 것 아닐까? 다행히도 혹은 불행히도 이 가설은 믿을 게 못 된다. 어설픈 경제학자인 내가, 그저 어린 시절 기억 속 사진을 떠올리며 해보는 얘기에 지나지 않으므로.

그런데 내 가설이 틀려서 만약 가난한 이들도 부자들과 똑같이 자신의 소득은 과소평가하고 타인의 소득은 과대평가한다면, 그게 더 심각한 문제다. 한 사회에는 가진 이들보다는 가지지 못한 이들이 더 많을 터인데, 가지지 못한 이들이 자신의 처지를 실제보다 더 나쁘게 보고 가진 이들의 처지는 실제보다 더 좋게 본다면, 이른바 사회통합에는 치명적이다. 적대적으로 변하기 쉽기 때문이다. 요컨대 어떤 식으로건 대중의 동의(소극적으로는 '참을 만하다'라고 받아들이는 것)가 없다면 체제는 위험에 빠질 수 있다. 바로 그 두려움 때문에 약간의 떡고물을 나누어주었던 데에서 복지국가라는 개념이 탄생했다. 단순하게 말하자면, 그 떡고물조차 주기 어렵다는 것이 이른바 신자유주의 이데올로기다.

그러므로 노동, 자본, 소득 등에 있어서 정말로 중요한 것은 이데올로기일 수도 있다. 상상해보자. '이마에 땀 흘려 양식을 취하리라'는 원칙을 가르치려는 이들이 한편에 있다. 어쩌면 이 훈육자들은 맞은편에 있는 이들, 즉 훈육당하는 이들의 처지를 과대평가하고 있을 것이다. 여기에 피훈육자들이 스스로의 처지를 과대평가할 때, 훈육이라는 목표는 쉽게 달성되며 체제는 더욱 단단해진다. 그런데 흥미로운 것은 그와 같은 훈육을 통해 신자유주의 경쟁에서 승리한 고소득자들, 바로 앳킨슨이 예로 든 직업을 가진 이들 또한 엄청나게 긴 장시간 노동과 살인적인 노동 강도에 시달리고 있다는 사실이다. 그렇다면 우리 삶의 대부분을 차지하는 일은 이미 소득을 얻는 수단으로만 중요할 뿐, 일 그 자체로서는 의미를 점점 잃어 가고 있는 셈이다.

경제학에서는 일이나 노동을 추상적인 개념으로 바라본다. 그렇게 함으로써 모든 일에 공통적으로 존재하는 그 무엇, 예컨대 구조적 요인이나 일반적 원리 같은 것을 파악해낼 수 있기 때문이다. 그러나 추상화된 몇 마디의 말은 종종 추상적인 개념으로는 환원할 수 없는 삶의 개별성을 뭉개버린다. 그러니 비록 때로는 혼란스럽더라도, 구체적인 현실 속의 일과 노동에 주목해야 비로소 일과 노동을 살아 움직이는 사람의 문제로 받아들일 수 있다.

모든 사회과학이 어느 정도는 이데올로기일 수밖에 없다. 그렇다면 구체적 현실을 뚫고 들어감으로써 비로소 그 이데올로기의 의미와 효과를 파악할 수 있을 것이다. 이 책에서 '일'이라는 렌즈를 통해 세상을 꼼꼼하게 들여다보려는 이유도 바로 그 때문이다.

이 책의 구조

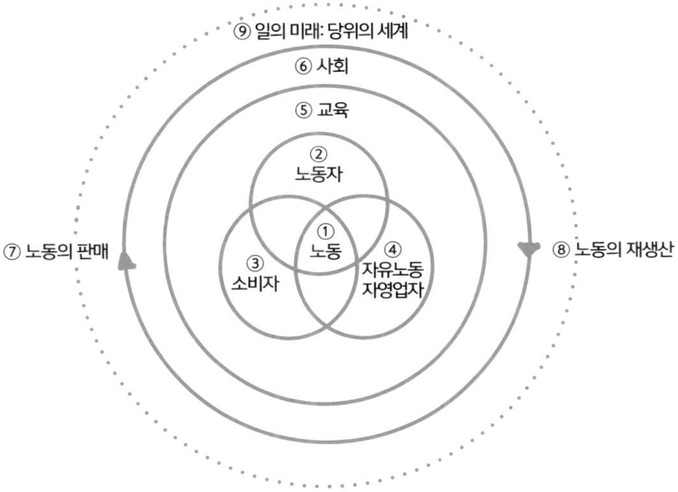

지금부터 모두 아홉 개의 질문으로 이루어진 주제를 통해, ①일이란 도대체 무엇인지(노동), ②그 일은 어떻게 오해받는지(노동자), ③노동자로서의 정체성과 소비자로서의 정체성은 어떻게 충돌하는지(소비자), ④자영업이 자기 노동을 착취한다는 것은 무슨 뜻인지(자유노동/자영업자), ⑤교육(교육)과 ⑥경쟁은 어떻게 노동력을 길러내는지(사회), ⑦노동은 사고파는 것인지(노동의 판매), ⑧우리의 삶과 일이 어떻게 뒤섞여버리는지(노동의 재생산), ⑨일하는 과정에서 그리고 일 앞에서 우리는 어떻게 서로를 불평등하게 만들고, 이 모든 것에도 불구하고 우리는 어떻게 일에서 희망을 찾아야 할지(일의 미래: 당위의 세계) 생각해보려 한다.

1장

일 잘하는 사람의 조건

핵심 질문:

취업하기 힘든 게 정말 내 책임일까?

사회에 꼭 필요한 일은 그만큼 보수를 받을까

코로나바이러스는 우리의 삶에 커다란 변화를 가져왔다. 이전과 같은 삶이 더 이상 지속 가능한 것이 아닐지도 모른다는 막연한 불안감은 어느덧 미루어둘 수 없는 현실이 되었다.

사회과학의 시각으로 보면 새삼스럽게 다가오는 현상도 많다. 생산력 과잉의 시대를 지나온 대부분의 선진국에서 고작 마스크 하나를 충분히 확보하지 못해, 마치 1930년대 세계대공황이나 제2차 세계대전을 다룬 다큐멘터리 필름의 한 장면처럼, 사람들이 약국 앞에 장사진을 치는 낯선 풍경이 눈앞에 펼쳐지기도 했다. 한국에서도 평소 규제 철폐와 시장 원리를 강조하던 정치인조차 정부가 직접 공장을 돌려서라도 마스크를 생산해야 한다고 주장했다. 현실의 절박함 앞에서 평소의 경제철학은 설 자리를 잃은 것이다. 감염병의 원인이 특정한 마이너리티 집단의 탓이라고 비난하고, 심하게는 사회로부터 배제하라고 주장하는 정체성 정치(Identity politics)가 멀쩡한 정치가나 언론인의 입에서 아무렇지도 않게 쏟아져 나왔다. 아마도 가장 슬프고도 놀라운 일은 더불어 힘을 모으며 소통함으로써 육체적 한계를 뛰어넘어 지구의 지배자가 되었던 종, 바로 사람이, 적어도 당분간은 사람을 멀리하고 피할 수밖에 없는 세상이 되었다는 점이다.

코로나바이러스 사태가 진행되면서 부쩍 많이 사용된 용어가 '필수 노동(Essential labor)'이다. 경제가 완전 봉쇄되더라도 사람과 사람, 사람과 물자를 이어주는 일을 누군가가 담당하지 않으면 안 된다. 사회가 정상적으로 기능하려면 꼭 필요한 일이다. 고전적인 경기침체와는 달리 좋은 곳(예를 들어 화상회의 관련이나 온라인 기반의 사업)은 더 좋아지고 나쁜 곳(예를 들어 여행이나 공연처럼 다수의 소비자가 직접 오프라인에서 움직여야 하는 사업)은 더 나빠지는 이른바 K자형 경기침체가 일어나는 까닭도 실은 누군가는 온라인이 아닌 오프라인에서 물자를 나르는 노동을 마다하지 않았기 때문이다.

누군가는 바이러스를 피하려 스마트폰이나 컴퓨터를 클릭해 식료품을 주문한다. 그러나 그런 행위는 오늘 밤 어느 물류창고에서 식료품을 싣고 내 집 현관까지 달려오는 택배 노동자가 없다면 아무런 의미도 없는 것이다. 코로나바이러스 사태에서 택배 노동은 필수 노동의 하나가 되었다. 그렇지만 택배 노동자의 노동조건은 별로 달라지지 않았을 뿐만 아니라 밀려드는 물량 때문에 더 나빠진 것이 현실이다. 에센스(Essence)라는 말에 '본질'이라는 뜻이 있다는 것은 역설적이다. 적어도 경제 논리만으로는 필수 노동이 노동의 본질로 평가받지 못하고 있기 때문이다.

감염병의 시대에 (아마도) 택배 노동보다도 훨씬 더 필수적일 의료 노동의 경우는 어떨까? 의사와 기타 의료 인력 간의 위계가 줄어든 것으로는 보이지 않는다. 때로 고도의 숙련과 자격을 요구하는 의사의 노동보다 훨씬 주변적으로 보이는 의료 노동자의 노동이 사람을 살리는 데 더 중요한 역할을 하기도 한다는 점을 감안하면 이해하기 쉽지 않은 현상이다. '무엇'인가가 어떤 결과를 낳는 본질이라면, 그 '무엇'인가에 대해서는 높은 사회적 평가가 따라야 할 것이다. 그렇다면 경제적으로는 당연히 높은 보수와 좋은 노동조건이 제공되어야 하지 않을까? 하지만 현실은 그렇지 않다.

일은 왜 괴로울까

과거를 준비하는 서생 수준으로 공부에 매진하는 선배가 있었다. 박사학위 논문을 준비해야 하는데 집에 공부방이 없던 선배는 동네 고시원을 얻어 글을 썼다. 이른 아침 한 평짜리 고시원 방문을 열고 들어설 때마다 선배는 늘 생각했다고 한다. '아, 내 이름이 붙어 있는 연구실만 있으면 엄청난 연구를 할 수 있을 텐데.' 나 또한 처음

대학에 일자리를 얻었을 때 무엇보다도 내가 하고 싶은 공부만 해도 월급이 나올 거라는 생각에 들떠 있었다. 비록 그전에 내가 힘든 육체노동을 했던 것도 아니고 직접 여기저기로 뛰어다니며 상품을 파는 것도 아닌, 경제연구소에서 컴퓨터 자판이나 두드리며 보고서나 썼는데도 그랬다.

자기 연구에만 집중하면 될 것 같은 연구원에게도 어김없이 감정노동은 찾아온다. 사소한 예를 하나 들자면, 교수가 되기 전에 내가 했던 일 중 하나는 매주 화제가 되고 있는 책이나 외국 신문의 경제 기사 따위를 모아 회장님이나 임원들이 승용차 안에서 쉽게 읽을 수 있도록, 글자 크기는 14포인트로 키우고 한눈에 내용 파악이 가능하게 보고서를 만드는 일이었다. 그러다가 대학에서는 내가 하고 싶어 선택한 전공 분야 책이나 논문만 읽고 쓰면 되니 기쁘지 않을 수 없었다. 그러나 기쁨은 그다지 오래가지 않았다. 그제야 나는 연구하는 것을 반드시 "일한다"고 표현하는 선배 교수의 마음을 이해하게 되었다.

우리는 자신이 하고 싶어서 하는, 즐거운 행위를 할 때 '일한다'고 말하지 않는다. 밤을 새워가며 SNS에 엄청난 분량의 글을 쓰고, 인터넷에 올라온 질문에 힘들게 찾은 정보나 사진을 답변으로 달면서도 일한다고는 생각하지 않는다. 외국 영화 파일에 여러 명의 아마추어가 첨삭에 첨삭을 거듭해 한글 자막을 다는 행위도 마찬가지다. 돈을 벌 수 있는 것도 아니고, 번역자로서 떳떳하게 이름을 남기는 것도 아닌 일에 들인 노력을 생각하면 감동적일 정도다. '일'이라고는 생각하지 않았기에 할 수 있었으리라.

내가 경제학자로서 지적 호기심을 참을 수 없어 어떤 책이나 논문을 밤새도록 읽었더라도 스스로 '일했다'고는 생각하지 않는다. 그러나 그렇게 공부한 결과를 논문으로 써서 학술지에 실어야 한다면 이야기는 달라진다. 누군가가 이미 정리해놓은 답들을 열심히 찾아 읽고 내 궁금증을 해결하는 것은 그 자체로 지적 희열, 이른바 법열(法悅, 깨달음으로써 얻는 즐거움)이다. 그렇지만 나보다 똑똑하고 부지런한 학자가 먼저 발견해놓은 '진리'를 뒤늦게 따라잡는 것은 자격시험을 치르는 수험생이라면 몰라도 학자로서는 의미가 없다. 법열이 논문이라는 '일의 성과'로 결실을 맺으려면 내가 다른 사람들보다 먼저 무엇인가 새로운 것을 깨달았음을, 최소한 다른 사람들의 깨달음에 약간이라도 덧붙인 게 있음을 입증해야 한다. 그러므로 대개 학술지에 논문을 투고하고 심사를 받아 게재가 확정되기까지의 지루한 과정은 내가 무엇인가 새로운 것을 찾아냈음을 약간 과장해서라도 강력하게 주장하는 마케팅과 다를 바 없다. 그렇게 게재가 확정된 논문을 출판하고자 여러 차례 되풀이해서 읽으며 고치는 작업 또한 경우에 따라서는 깨달음의 즐거움을 추가해줄 수 있지만 대개 새로운 지식이나 깨달음은 얻지 못하는, 단순 반복적인 '일'일 따름이다.

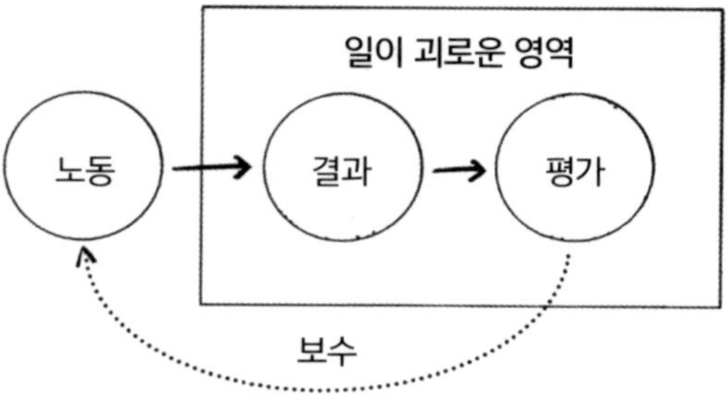

흔히 학자들이 표절이나 대학원생 착취 같은 스캔들을 일으키는 유인도 여기에 있다. 무엇인가 새로운 사실을 발견할 수 없다면 약간의 '마사지'라도 해서 그럴듯하게 보이고 싶은 유혹이 들기 때문이다. 이를테면 똑같은 그래프라도 가로축과 세로축의 구간을 적절하게 늘이거나 줄임으로써 시각적으로 강력한 효과를 주는 것, 통계분석을 했는데 바라던 결과가 나오지 않으면 자료를 적절히 주무르거나 분석 기법을 약간 바꾸는 것, 실험 결과 사진을 포토샵으로 슬쩍 다듬는 것, 논문을 쓸 때 적절한 표현이 떠오르지 않으면 다른 사람의 글에서 마음에 드는 문장을 슬쩍 가져다 붙이는 것, 지겨운 단순 반복 과정을 무보수로 제자에게 시키는 것…….

일은 자기실현일까, 고통일까

어떤 일을 취미로 즐긴다면 출발은 즐거움이고 자기실현을 한다는 보람도 있다. 그러나 그것이 '일'이 되면 생존을 염려해야 한다. 그리고 다시 생존을 유지하려고 일해야 하는 악순환에 맞닥뜨린다. 그래서 우리는 일을 할 때 무리하고, 하고 싶지 않은 것을 해야 하며, 즐길 수도 없고, 때로는 윤리적으로 옳지 못한 일을 강요당하기도 한다.

조금이라도 여유 있게 살려고 일을 시작한다. 그러다 어느 순간 그 일을 유지하느라 무리한다. 영업 실적을 유지하려고 자기 돈으로 자신이 파는 제품을 사는 영업사원들이 있다. 그들은 그 돈을 마련하느라 카드를 긋는다. 펑크 난 카드를 메우려고 새로운 카드를 만들어 '폭탄 돌리기'를 한다. 그러면서 죽지 않고 버티기만을 꿈꾼다.

요즘 어린이들의 대표적인 장래희망 중 하나가 유튜브 크리에이터다. 이들의 세계 역시 마찬가지다. 조금이라도 더 화제가 될 만한 콘텐츠를 업로드하려는 크리에이터들의 노력은 눈물 겨울 정도다. 그중에는 유튜브 활동을 하는 과정과 그에 따른 수입을 공개하는 동영상도 있다. 보다 보면 구독자수가 백만 단위를 넘어선다는 일부를 제외하고, 제법 조회수가 나오는 유튜버도 콘텐츠를 제작하는데 투여된 노동을 시급으로 환산하면 최저임금이 안 되는 경우가 대부분이었다. 처음에는 이름을 알리고 조회수가 올라가는 즐거움에 취미처럼 시작한 일이 돈벌이가 되면서 상상하기 힘들 만큼 과도한 노동 시간을 투여하고 점점 더 자극적인 소재를 추구하는 사례를 쉽게 발견할 수 있다.

모르텐 알베크는 《삶으로서의 일》에서 '의미'는 만족이나 행복과는 다르다고 주장한다. 그는 아버지의 장례식에 갔던 경험을 예로 든다. 아버지가 돌아가셨다는 것은 만족이나 행복과는 가장 거리가 먼 사건이지만, 가족과 지인들이 한데 모여 누군가를 추모하면서 정신적 유대를 나누는 의미 있는 일이었음에 틀림없다. 이와 마찬가지로 일의 의미는 일에서 얻는 만족이나 행복과는 서로 다른 얘기라는 것이다.

그렇다면 노동의 본질은 무엇일까? 노동이 그 자체로 기쁨과 즐거움을 줄 수 있다면 두말할 나위 없겠지만 애석하게도 그런 경험을 할 수 있는 사람은 그리 많지 않다. 그러나 매 순간은 아니더라도, 어느 한 순간이라도 힘듦이나 괴로움을 넘어 노동이 가져다주는 의미를 찾을 수 있다면, 우리는 각자 노동의 본질에 조금 더 다가갔다고 말할 수 있을 것이다. 노동의 본질에 접근할 때, 이른바 자기실현으로서의 일의 역할도 충족된다. 경제학에서도 노동을 한편으로는 비효용(Disutility), 즉 만족이나 효용(Utility)의 반대 개념,

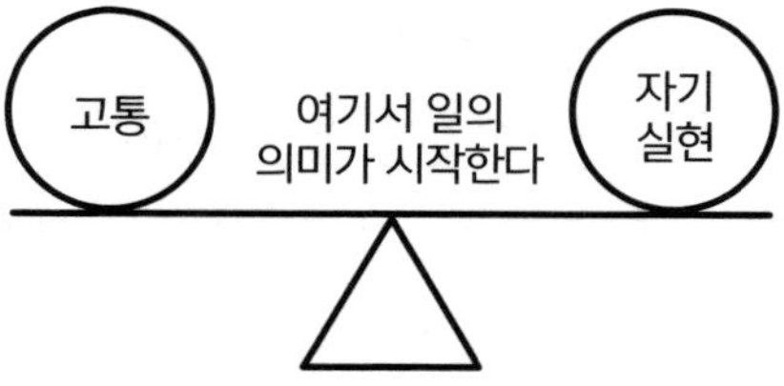

요컨대 고통(Toil and trouble)이라 보는 관점, 그리고 다른 한편으로는 '자기실현'이나 '소외의 극복'으로 보는 관점이 있다. 사실 이 두 가지 관점은 모든 노동이 지닌 두 측면을 묘사한 것이며 이 둘이 만나는 지점에서 우리는 일의 의미를 깨닫기도 하고 아울러 일의 의미를 얻을 수 있다. 바로 이 지점으로부터 일에 관한 얘기를 펼쳐 보려 한다.

노동자다움은 누가 요구하는 것일까

'노동은 어떻게 만들어지는가?'라는 물음에도 두 가지 차원의 문제가 섞여 있다. 하나는 개인적인 차원에서 특정한 노동자의 노동능력이 어떻게 형성되는가 하는 문제다. 대개 가정과 학교에서 학습과 사회화를 거쳐 개별 노동자의 노동할 수 있는 능력, 또는 숙련(Skill)이 만들어진다. 대학에 진학할 것인가 말 것인가, 대학에서 무엇을 전공할 것인가, 이른바 스펙을 쌓기 위해 어떤 활동을 할 것인가, 토익 학원에 등록할 것인가 말 것인가, 해외 어학연수를 갈 것인가 말 것인가, 공무원시험을 준비할 것인가 말 것인가……. 이러한 선택은 궁극적으로는 개인이나 그 개인을 뒷받침해주는 가족 구성원의 몫이다.

늘 의욕에 넘치고 예의도 바르던 지도 학생 한 명이 오랜만에 찾아왔다. 군대도 다녀오고 어학연수도 다녀왔다고 했다. 제대하고 돌아온 학생에게 어머니는 아들이 군대에 있는 동안 식당 일을 해서 힘들게 모은 돈을 건네주며 평소 가고 싶어 하던 어학연수를 다녀오라고 권했다고 했다. 부모가 가난해 마련할 수 있는 돈이 그것밖에 안 돼 미안하다는 말과 함께.

그 돈으로 학생은 캐나다 밴쿠버의 어학원에서 1년 동안 영어 공부를 하고 왔다. 그런데 어머니가 고생해서 번 돈을 헛되이 쓸 수 없다는 마음에 그 흔한 파티 한 번 가보지 못했다고 했다. 그렇다면 1년 동안 쌓은 외국 경험이 어학 실력이나 스펙으로서 그에게 얼마나 실질적인 도움이 되었을까? 알 수는 없다. 어느 대학생이 힘겹게 모은 돈으로 어학연수를 떠나는 건 자신의 자유의지에 의한 것이기보다 이미 사회적으로 강제된, 어쩔 수 없는 선택에 가깝다. 스펙으로 요구되기 때문이다. 사회란 개인이 모여 이루어지지만 개인의 의지만으로는 극복할 수 없는 구조가 분명히 존재한다. 사정이 그러하니 '외국에 가지 않아도 노력만 하면 영어를 잘할 수 있다'라거나 '어학연수 하느라 시간 낭비하지 말라'는 충고는 물색없는 훈수인 셈이다.

다른 하나는 사회적인 차원에서 노동자의 '노동자됨', 또는 '노동자다움'이 어떻게 형성되는가 하는 문제다. 헤겔은 "노예가 노예됨을 받아들일 때 비로소 주인과 노예의 변증법은 완성된다"고 말한 바 있다. 노예는 싸움에서 졌기 때문에 노예가 되었다. 노예가 졌다는 사실을 스스로 인정하지 못할 때 노예로서의 개인적 삶은 견디기 힘들어진다. 나아가 패배를 받아들이지 못하는 노예가 많아질 때 사회제도로서의 노예제는 위기에 빠진다. '노동자됨'도 이와 맥락이 비슷하다. '노동자다움'이 무엇인지는 선험적으로 주어지는 것이 아니라 사회적으로 규정되는 것이다. 어떤 사회가 지금 이 시점에 요구하는 '노동자다움'이 무엇인가에 따라 그것을 잘 만족시키는 사람은 취업을 할 수 있는 반면 그렇지 못한 사람은 취업하기가 점점 더 어려워진다.

그런데 사회가 원하는 노동자다움의 기준은 어디에서 오는 것일까?

취업을 못 하는 건 누구의 책임일까

앞서 말한 것처럼 개인과 사회 두 가지 측면이 있는데도 '노동은 어떻게 만들어지는가?'라는 물음을 개인적 차원의 문제로만 축소시킬 때, 시장에서 잘 팔리는 '좋은 노동'을 만드는 책임은 오로지 개인에게 돌아간다(엄밀하게는 '노동'과 '노동력'을 구분해야 한다. 시장에서 거래되는 것은 노동력이고, 그 노동력을 사용하는 것이 노동이다. 그러나 이 책에서는 굳이 신경 써서 둘을 구별하지는 않기로 한다. 일단 우리가 아침에 일어나 잠자리에 들 때까지 늘 맞닥뜨리는 삶으로서의 '일'에 주목하는 것으로 충분할 듯해서다). 뒤집어 말하자면 시장에서 잘 팔리지 않는 노동을 만들어냈다면 이는 결국 자신의 책임이라는 뜻이다. 이른바 능력주의(Meritocracy)는 냉정하게 말한다.

"다 네 탓이다. 취업하지 못한 것, 보수가 겨우 그 정도밖에 되지 않는 일을 하게 된 것은 바로 네가 준비를 소홀히 했기 때문이다!"

이른바 좋은 노동의 두 가지 측면

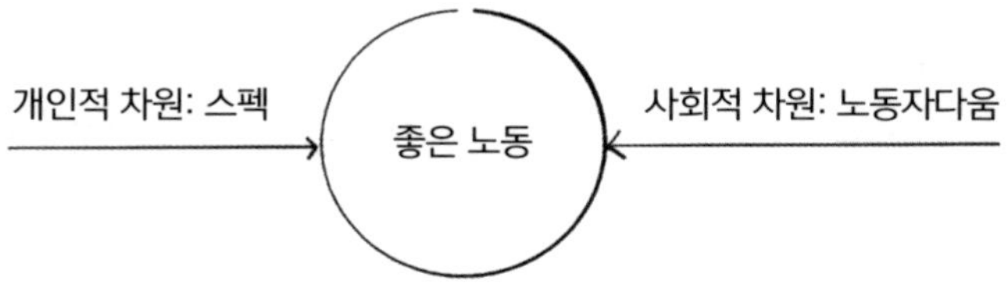

개인적 차원에만 집중하는 것은 역설적으로 사회적 차원을 완성시키는 부수적 효과를 빚어낸다. 내가 취업하지 못한 이유를 내 능력이 부족하거나 게으른 탓으로 돌리고 순순히 받아들이는 것조차 사회가 요구하는 '노동자다움'의 한 부분일 수도 있기 때문이다. '노동자다운 노동자'를 만들어내는 과정은 개인의 신체적·정신적 능력에 대해 사회가 간섭하고 규제하는 것, 즉 개인의 몸과 마음에 작용하는 권력에서 비롯된다. 그리고 사회가 '노동자다움'을 규정짓고 설명하는 말들, 이른바 담론(Discourse)의 체계를 통해 완성된다.

2장

경제학 교과서에 노동자는 없다

핵심 질문:

아이돌도 노동자인가?

왜 노동자라는 말을 꺼릴까

미국 어느 대학에 방문연구자로 갔을 때 꽤 유명한 마르크스경제학자의 강의를 들은 적이 있다. 그는 메이저리그 야구 선수들은 '노예'고 프로야구는 '노예제 생산양식'에 속한다고 주장했다. 쉽게 동의하기 어려웠던 나는 하나의 비유라면 모를까 자본주의를 이끌어가는 첨단산업인 스포츠를 노예제 생산양식이라고 정말 학술적으로 말할 수 있는지 진지하게 물었다. 이미 오랜 세월에 걸쳐 자신의 이론을 정립해놓은 노학자는 몇 가지 이유를 대면서 자신의 주장을 옹호했다. 그가 근거로 들었던 이런저런 말 중에 아직도 기억나는 말이 있다.

"돈을 많이 받는다고 해서 노예가 아닌 것은 아니다."

그와 나눈 대화를 떠올리는 건 한국의 일부 언론이나 고위 정치인, 대통령조차 입에 올리는 이러한 말 때문이다.

"억대 연봉(물론 구체적인 금액이 중요한 건 아니다)씩이나 받으면서 파업을 하는 게 될 법이나 한 소리인가."

하기는 얼마 전까지 노동조합을 실질적으로 허용하지 않던 '초일류기업'도 멀쩡히 있던 것이 우리의 현실이기는 하다. 어쨌거나 노동자들의 단체행동권이 법적으로 보장된 권리라는 점을 감안한다면 그러한 비판의 중요한 전제는 많은 임금을 받는 이들은 노동자가 아니라는 것일 테다.

모든 사회과학은 고유의 개념을 이용해 사회를 설명하는 이야기(Narrative)를 만들어내는 데에서 출발한다. 앞서 얘기한 미국 경제학자는 '천문학적인 연봉을 받는 프로야구 선수도 노예'라는 이야기를 갖고 있었다. 구단의 소유물 같은 존재로서 본인의 의사와 무관하게 언제든 쫓겨나거나 팔릴 수 있기 때문이다. 흔히 프로 스포츠 선수의 소속이 바뀔 때 '트레이드(Trade)'라는 단어를 쓴다. 이 단어를 글자 그대로 해석하자면 물건을 사고파는 '거래'이니 노경제학자의 이야기가 하나의 진실을 담고 있는 것인지도 모른다(실제로 선수협의회를 만들려다 우여곡절 끝에 야구를 그만둔, 1980년대 한국 최고의 프로야구 선수 최동원은 1991년 6월 시의원 선거에 출마하면서 홍보물에 '자본주의의 꽃'인 프로야구가 '인간의 상품화'를 통해 선수를 '현대판 노비문서'에 묶어둔다는 표현을 썼다).

그렇다면 노동자란 누구일까? 언젠가 어느 재야인사의 집을 찾았다가 응접실에 걸린 '노동신성(勞動神聖)'이라는 글귀를 본 적이 있다. '노동은 신성하다', 이 말은 역설적으로 이미 많은 사람들이 노동을 신성하다고 생각하지 않는다는 뜻이기도 하다. 예를 들어 목사를 성직자라고 표현하거나 간호원을 간호사라고 표현하는 이른바 '완곡한 표현(Euphemism)'을 생각해보자. 과연 노동자의 완곡한 표현은 무엇일까. 노동이 신성한 것이라고 생각한다면 노동자라는 말이면 됐지 굳이 완곡한 표현은 필요 없다. 그러나 '노동운동'을 하거나 '노동자정당'을 표방하는 소수 정치인을 제외하면 노동자라는 단어를 잘 쓰지 않는다.

사실 노동자라고 할 때 우리 머릿속에 즉각 떠오르는 이미지는 낫이나 망치(과거 소련 국기에 등장하는 물건이기도 하다)를 들고 구슬땀을 흘리며 공장에서 육체노동을 하는 사람들이다. 대부분의 부모가 자녀에게 커서 의사나 법관이 되라고 하지 노동자가 되라고 하지는 않는다. 해마다 되풀이되는 대학입시 면접에서 내가 만나는 경상 계열 수험생들도 십중팔구는 장래희망을 CEO(최고경영자)라고 말하지 노동자라고 하지는 않는다. 그러나 재벌 2세가 아니라면 노동자로부터 출발해야 한다. 그렇다면 마치 학벌 경쟁이 치열한 사회에서 중고교 시절은 대학에 가기 위한 과정일 뿐 그 자체로서는 독립적인 의미를 갖지 못하는 것처럼 노동자는 CEO로 가기 위한 통과점일 뿐일까?

무슨 일을 해야 노동자일까

'노동자'는 누구인가? 생산 수단을 갖고 있지 못하기 때문에 자신의 노동력을 판매하여 살아가는 사람이라고 노동자를 정의하면 사실 사람들은 대부분 노동자다. 자본주의가 발전하면서 우리 머릿속의 전형적인 노동자, 그러니까 육체노동자가 사회 전체에서 차지하는 양적 비중이 줄어든 것은 사실이다. 하지만 노동력을 팔아서 먹고사는 사람의 숫자는 결코 줄어들지 않았다. 그럼에도 노동자라는 말을 잘 쓰지 않는다. 이유는 결국 노동이 품격이 낮은 것, 하기 싫은 것 등의 의미를 담고 있다고 생각하기 때문이 아닐까?

보수적인 사람들은 특정 직업을 노동자라고 부르는 것마저 거부한다. 그리고 때로는 이를 이념 논쟁의 대상으로 삼기도 한다. 교사가 노동조합을 만들면 "신성한 교육자인 선생님이 어떻게 노동자일 수 있는가?"라며 비판한다. 이런 시리즈는 끝없이 이어진다. "신성한 사람의 목숨을 다루는 의사가 어떻게 노동자인가?", "진리를 추구하는 과학기술 연구원이 어떻게 노동자인가?", "연봉 1억 원이 넘는 조종사가 어떻게 노동자인가?"

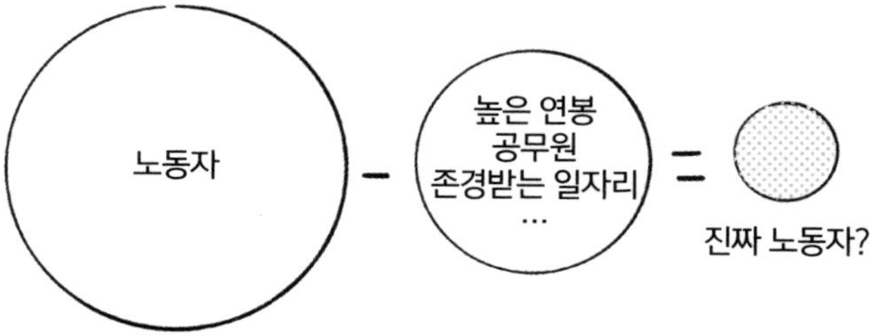

이런 식이라면 큰 의미가 없는 일, 별로 중요하지도 신성하지도 않은 일, 게다가 연봉도 적정한 수준으로(너무 많으면 안 된다!) 받는 일을 하는 사람만 노동자라고 불릴 수 있다. 그러므로 이러한 용어 사용법에 따르면 노동자는 적극적으로 '~하는 사람'이라는 형식이 아니라 '~하지 않는 사람'이라는 식의 부정적 형태로만 규정할 수 있다(맥락은 다르지만 이른바 특수고용직 노동자를 노동자로 간주하느냐 마느냐 하는 지루하고도 절망적인 논쟁은 '노동자됨'의 또 다른 측면을 보여준다. 골프장 캐디, 학습지 교사, 보험 설계사, 건설기계 노동자…… 앞으로도 이런 목록은 끝없이 이어질 것이다).

노동자가 단순한 일을 하는 사람이라는 이미지가 생겨난 한 가지 원인은 역사 속에서 찾을 수 있다. 근대산업사회가 시작되면서 노동은 점점 단순해졌다. 흔히 파편화한 분업이라고 말할 정도로 한 명의 노동자는 전체 생산공정 가운데 지극히 일부분만 담당하게 됐다. 이제 오랜 세월에 걸쳐 몸으로, 머리로 숙련을 쌓은 장인의 시대는 갔다. 숙련은 낱낱이 해체돼버렸다. 기획과 결정 같은 '생각하는 일'은 잘 보이지도 않는 저 위의 누군가가 하는 일이다. 우리는 그저 묵묵하게 그 생각에 따르면 족할 뿐이다. 생산에 기여한 크기에 대한 평가도 이러한 생각(구상)과 행동(실행)의 분리라는 원리에 따라 결정된다. 결정하고 생각하는 이의 보수는 천문학적 수준으로 치솟는 반면 이를 몸으로 실행하는 이들의 보수는 그에 비하면 모래알만큼이나 작아진다.

진짜 노동자의 현실은 어디에 있을까

한때 고용노동부(이 명칭의 문제점은 잠시 뒤에 생각해보자)가 중학교 사회 교과서 내용을 문제 삼은 적이 있다. 문제의 교과서에는 공장 노동자가 그려져 있고 "한 달 급여가 최저생계비라니, 역시 난 너무 가난해"라는 말풍선이 달려 있었다. 이 부분에 대한 고용노동부의 비판적 지적은 "모든 공장 노동자가 낮은 임금을 받는 게 아닌데도 학생들에게 '공장 노동자는 가난하다'는 편견을 심어줄 우려가 있다"라는 것이었다. 물론 이 에피소드는 여러 가지 측면에서 해석될 수 있다. 긍정적으로 보자면 공장 노동자라는 말에서 '공장'이라는 단어에 강조점을 두고 특정 직업에 대한 그릇된 인식을 막으려는 선의가 작용했다고 해석할 수도 있다. 그렇지만 실제로 최저생계비에 못 미치는 수준의 돈을 버는 '노동자'가 수도 없이 존재하고 있음을 알기에, 왠지 노동자는 가난하다는 비참한 현실 자체를 덮으려는 정치적 의도가 있는 것은 아닌지 걱정되기도 한다.

흔히 동화는 어린이들에게 꿈과 모험으로 가득 찬 아름다운 세계를 보여주기 위한 도구라고 생각한다. 그런데 서양의 많은 고전 동화들, 예컨대 한국에서도 유명한 그림 형제의 동화는 매우 잔혹하고 엽기적이기조차 한 내용을 담고 있다. 어느 영문학자는 내게 어린이도 악의 존재를 알아야 하고, 악이 없는 세계는 도덕도 존재하지 않는 세계이며, 악의 잔혹한 처단이 도덕을 의미하기 때문에 오히려 잔혹 동화를 봐야 한다고 설명해주기도 했다. 그러나 사실 동화는 이데올로기적 목적에 따라 현실의 어려운 삶, 비극적 음모를 미화하는 용도로 바뀌기도 한다.

미국 매사추세츠주에 애머스트라는 곳이 있다. 유명한 사립대학인 애머스트 칼리지가 있는 곳이기도 하다. 이곳뿐 아니라 그의 이름을 딴 지명이 미국 곳곳에 여럿 있을 정도로 제프리 애머스트 경은 유명한 인물이다. 그런데 이렇게나 존경받는 애머스트 경은 아메리카 원주민에게 친선의 표시로 병균이 든 담요를 선물하는 식으로, 일종의 세균전을 기획한 인물이기도 하다. 누군가에게는 존경받는 인물이 다른 누군가에게는 죄 없는 죽음을 가져다준 인물이다. 나에게 이 일화를 들려준 백인 교육학자는 자신의 전공이 초등학교 교과서에 존재하는, 미국의 식민지 정복을 미화하는 이데올로기적 조작을 파헤치는 것이라고 했다. 학자가 전공으로 삼아 파헤쳐야 할 만큼 많은 부분에서 은밀하게 조작이 이루어졌다는 뜻이다.

혹시 노동이나 노동자에 대해서도 우리는 비슷한 교육을 받고 있는 것은 아닐까? 마치 원주민 추장의 딸과 백인 청년의 사랑이라는 모티프를 이용해 아메리카 정복을 낭만주의적으로 정당화하는 〈포카혼타스〉처럼. 하지만 현실의 비정함을 감추기보다 오히려 있는 그대로 드러낼 때 비로소 우리가 살고 있는 사회의 문제점과 모순이 밝혀지고 이를 해결하려고 노력할 수 있는 것이 아닐까? 어린이가 잔혹 동화를 봐야 하는 것처럼.

아이돌도 노동자일까

K팝을 이끄는 아이돌 그룹은 철저한 매니지먼트 시스템의 산물이다. 기획사는 예쁘고 춤 잘 추고 노래 잘하면서 기본적으로 유명해지고 싶은 욕망에 가득 찬 아이들을 모아 성형수술까지 시키며 몇 년씩 교육한다. 연습생은 한 숙소에 대여섯 명 이상이 함께 기거하면서 먹는 것, 입는 것, 만나는 사람까지 엄격하게 통제당한 채 훈련받는다. 아동노동은 금지한다는 문명사회의 원칙조차 무력해진다.

이런 연예 매니지먼트회사는 금융투자의 원리, 즉 '포트폴리오 분산투자의 원리'를 치밀하게 따른다. 금융투자의 원리는 간단하다. 달걀을 한 바구니에 담지 않는다. 몇몇 달걀은 깨지더라도 모조리 깨지는 건 막기 위함이다. 노래 잘하는 소녀 A와 춤 잘 추는 소녀 B를 묶은 한 꾸러미에서 나오는 기대수익률을 극대화하면서 실패할 때의 위험을 극소화하려면 댄스 그룹 하나를 만들고 발라드 그룹도 하나 만들어두어야 한다. 이제 A와 B는 모두 고유의 개별성을 잃어버린다. 이미 그들은 기획 상품의 한 부품에 지나지 않기 때문이다. 흥미로운 것은 큰 성공을 거둔 아이돌은 실제로 매니지먼트회사의 지분을 갖는 '파트너'가 되기도 한다는 점이다. 말하자면 금융투자의 대상에서 주체로 변화하는 셈이다.

흔히 언론에서 연예기획사의 매니지먼트 시스템을 일컬어 '노예계약'이라는 말을 쓰기도 한다. 프로야구를 노예제 생산양식이라고 주장했던 예의 마르크스주의 경제학자가 이를 들었다면 자신이 말한 노예제 생산양식이 바로 거기에 있지 않느냐고 쾌재를 불렀을지도 모르겠다. 나는 여전히 그의 이론에 수긍할 수 없다. 하지만 한 가지는 분명하다. 설사 로또에 당첨될 확률로 많은 인기를 얻어 천문학적 소득을 벌어들인다 하더라도 멤버 하나하나는 결국엔 노동자라는 사실이다.

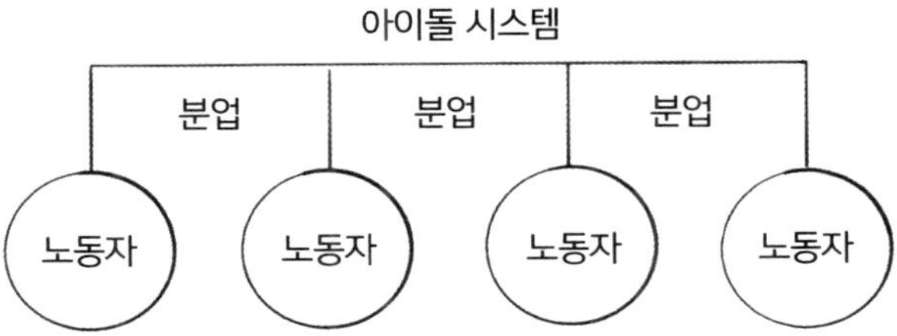

품격 있는 일을 하면 노동자가 아닐까

그럼 노동자가 아닌 사람은 누구인가? 그들은 무슨 일을 할까? 많은 경우 '품격이 낮은(또는 높은) 일'이라는 것은 사회적으로 학습된 편견이 작용한 결과다. 화려한 초현대식 건물에서 컴퓨터 모니터 앞에 앉아 '돈놀이'를 하는 펀드매니저의 노동이 품격이 높은 것인가, 산에 길을 내고 물에 다리를 놓아 사람이 오갈 수 있도록 만들어주는 육체노동자의 노동이 품격이 높은 것인가?

복잡노동과 단순노동, 숙련노동과 미숙련노동이라는 경제학적 개념도 적어도 어느 정도는 사회적 편견에 기초하고 있다. 나는 학창 시절, 명문 대학 교수인 문학평론가가 쓴 책에서 빈 원고지를 채우기 위해 밤새워야 하는 지식인의 '노동'이 얼마나 힘겨운지 토로하는 글을 읽으면서 매우 거북했다. 그래 봐야 편하게 방에 앉아 잔머리나 굴리는 일일 텐데 그가 뜨거운 여름, 추운 겨울에 현장에서 일하는 육체노동자를 떠올려보았다면 차마 그런 글은 쓰지 못했을 것이라는 생각이 들었기 때문이다. 그러나 바로 그 노동을 하고 있는 지금에야 나는 그의 말에 담긴 뜻을 이해할 수 있게 됐다.

그 일이 사회경제적으로 어떻게 평가되는지, 그 일을 하려면 어떤 교육을 받고 어떤 자격을 갖추어야 하는지 따위에 상관없이 일하는 그 순간만큼은 공통된 속성이 있다. 하루에도 몇 번씩 암 수술을 하는 외과의사에게 수술이란 그저 밥벌이를 위해 단순하게 반복하는 일상적이고 의례화한 절차의 하나일 따름이다. 물론 하고 싶다거나 해야 한다고 해서 아무나 암 수술을 할 수 있는 것은 아니다. 그러나 마찬가지로 아무나 공장에서 단순노동을 할 수 있는 것도 아니다. 먹고살기 위한 절박함이나 타고난 육체적 강건함, 지루함을 견디는 능력 등 일정한 자질(과 조건)을 갖춘 사람이 아니면 힘든 노동을 버텨내지 못하기 때문이다.

글 쓸 수 있는 자는 글 쓰는 능력으로, 춤출 줄 아는 자는 춤추는 능력으로, 근육을 움직일 수 있는 자는 육체노동으로. 정상적이라면 그 노동의 대가로 지불되는 돈은 '임금'이라고 불린다. 이름은 아무거나 상관이 없다. 때로 '사업소득'이 될 수도 있고 '출연료'가 될 수도 있으며 '원고료'가 될 수도 있다. 무엇이라 불리건 일의 대가로 돈을 받을 때 그는 노동을 하고 있는 것이고 노동을 하고 있다면 그는 노동자다.

경제학이 노동자를 정의할 수 있을까

어느 날 밤늦게 갑자기 영화를 한 편 보고 싶어졌다. 재빨리 검색해보니 마지막 상영 시간까지 채 20분도 남지 않은 상황. 한밤중이라 텅 빈 거리를 마구 달려 극장 지하 주차장에 차를 대고 에스컬레이터를 뛰어오르다시피 하여 드디어 매표소 앞에 섰다. 상영 시작 5분 전, 앞에는 딱 두 명이 있을 뿐이었다. 한 명당 표를 끊는 데 1분이면 충분할 테니 다행히도 영화를 볼 수 있겠다고 생각하며 가쁜 숨을 몰아쉬었다. 그러나 나는 그날 영화를 보지 못했다. 바로 내 앞에 선 두 팀이 표를 사는 시간이 예상보다 훨씬 오래 걸렸기 때문이다. 줄을 서 있던 남자가 지갑에서 할인카드를 꺼내 표를 구입하려는 순간 멀리서 팝콘을 먹던 동료들이 새로운 할인카드를 줄줄이 들고 나타났다. 그러고는 각자의 비밀번호 따위를 입력하느라 시간을 속절없이 흘려보냈다. 영화 관람료가 할인되는 카드 종류도 일일이 기억할 수조차 없을 정도로 많았다. 카드 종류와 각각의 할인율을 일목요연하게 정리해 매표소 옆에 세워진 배너에 적어 놓았지만 카드 종류도 많고 할인율도 제각각이라 그중에서 자기가 가진 카드의 할인조건을 찾는 데만도 시간이 한참 걸린다. 그 뒤로도 극장에 갈 때 유심히 살펴보면 제값을 다 지불하고 영화를 보는 사람은 거의 없는 듯했다. 이것은 마치 정가제가 실시되지 않던 1970~1980년대 서점에서 책을 사거나 약국에서 약을 살 때 겉에 표기된 가격과는 아무런 상관없이 부르는 게 값이었던 상황과도 비슷했다. 그 시절과 다른 점이 있다면 영화 관람료처럼 다양한 '가격차별'이 제품이나 업종을 가리지 않고 확대되고 있다는 사실이다. 그리고 가격차별은 미시경제학 교과서에서 매우 중요한 항목으로 가르치고 배우는 내용이다.

경제학 교과서에서는 인간이 항상 머릿속에 계산기와 여러 상품의 가격 목록을 가지고 다니면서 매 순간 자신의 이익을 극대화하는 소비 묶음을 선택한다는 듯 묘사한다. 교과서에서 이렇게 묘사하면 역설적으로 인간으로 하여금 그렇게 행동하도록 만드는 계몽효과가 생긴다. 오래전 미시경제학을 처음 배우던 시절 나는 이건 말도 안 되는 비인간적인 이론이라 투덜대면서 너무나도 손쉽게 다른 경제학의 길로 투항해버렸다. 그렇지만 이제 스마트폰 속에 들어 있는 각종 쿠폰을 헤아리며 피자를 살 때와 아무 생각 없이 살 때의 경제적 차이가 꽤 크다는 현실이 나로 하여금 미시경제학에서 묘사하는 합리적 인간이 되도록 강요하고 있다.

소비자를 다양한 그룹으로 세분해 각자의 특성에 맞게 다른 가격을 적용하면 이윤을 더 늘릴 수 있다는 것이 미시경제학에서 말하는 '가격차별 이론'이다. 이 이론은 경영학의 마케팅 이론과도 직결된다. 베스트셀러 미시경제학 교과서를 쓴 저자이자 대학을 떠나 구글의 수석 이코노미스트로 자리를 옮긴 할 베리언이라는 학자가 있다(초일급 경제학자가 공직도 아니고 민간기업으로 갔다는 점이 놀라웠다. 물론 베리언의 선택은 기대소득 극대화라는 경제학 교과서의 가르침을 충실히 따른 셈이다). 그가 디지털경제를 다룬 또 다른 베스트셀러가 있다. 한국에서는 《정보법칙을 알면 .COM이 보인다》라는 튀는 제목으로 번역된 《Information Rules》라는 책이다. 이 책을 읽어보면 사실 경제 이론이라고는 가격차별밖에 나오지 않는다. 그만큼 '돈이 되는' 이론이란 뜻일까. 가격차별 현상이 먼저 존재했고 이를 설명하기 위해 경제 이론이 나왔을 것이다. 이런 가격차별 이론을 배운 경영대학원 졸업생이 시간이 지나 마케팅 부서를 맡으면 가격차별을 정교한 형태로 도입한다. 점점 더 많은 기업이 가격차별을 실시하면 소비자도 그것을 당연히 여기며 빠른 속도로 그에 적응해나간다. 이렇게 교과서 속 현실은 실제의 현실을 반영할 뿐만 아니라 거꾸로 이끌어가기도 한다.

경제학 교과서에 나오는 노동은 어떤 모습일까

그렇다면 경제학 교과서에서 노동은 어떻게 묘사되고 있을까. 대표적인 것 몇 가지만 추려보도록 하자.

먼저 노동은 노동 공급자가 '소득'과 '여가'라는 두 마리 토끼 사이에서 최적의 선택을 하고 그에 따라 발생한 '부산물' 또는 '잔여항'으로만 다루어진다. 하루 24시간 중 여가로 사용할 시간을 결정하고 나면 그 나머지가 자동으로 노동 시간이 된다. 이렇게 설명하는 까닭은 바로 노동을 그 자체로는 만족을 가져다줄 수 없으며 피하고 싶은 불편함만 가져다주는 활동으로 간주하기 때문이다. 경제학 용어로 표현하자면 노동은 '비효용'이다. 그러므로 이 정의에 따르면 노동하지 않는다고 해서 발생하는 기회비용은 없다. 하기 싫은 것을 하지 않는다고 해서 잃을 것이 없기 때문이다. 게다가 노동자는 기본적으로 '땡땡이'를 치려는 태만 욕구를 갖고 있다고 확신하는 셈이다. 누구나 비효용을 줄이려고 행동할 것이기 때문이다.

경제학에서의 노동의 정의

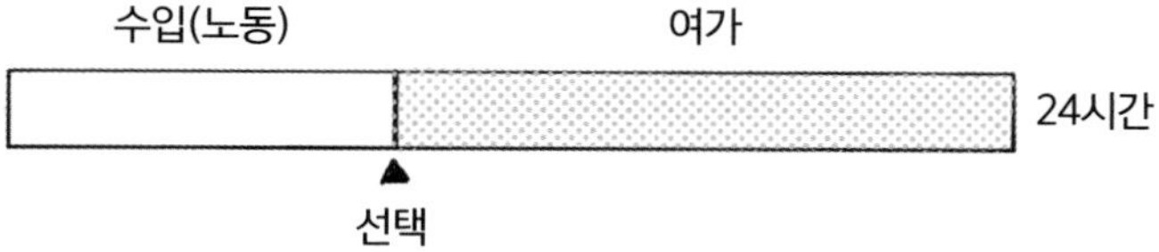

또 하나, 이른바 '한계생산력설'에 따르면 노동자는 자신이 공급하는 생산요소인 노동이 생산에 기여한 만큼 보수를 받는다(다른 모든 조건이 같고 오직 노동만 한 단위 늘렸을 때 증가하는 생산물의 양을 그 노동의 한계생산력이라 부른다).

이러한 묘사는 경제학 이론의 관점에서도 많은 논란의 여지가 있다. 한계생산력설이 아주 제한적인 가정하에서만 논리정합적으로 성립한다는 것은 경제학설사에서도 잘 알려진 사실이다. 굳이 경제학까지 탐구하지 않더라도 직관적으로 설명하기 어려운 문제도 많이 있다. 과연 사람들은 노동을 비효용으로만 보는 걸까? 반드시 그런 건 아니라는 반대 사례는 일상에서 얼마든지 찾을 수 있다. 기프티콘 하나 얻지 못하더라도 누군가가 올린 질문에 장문의 답변을 달아주는 이들이 없다면, 인터넷은 결코 '정보의 바다'가 될 수 없었을 것이다. 제아무리 단순해 보이는 일에도 일 자체가 가져다주는 성취감이 어느 정도 존재한다. 문제는 그 일이 어떤 맥락에서 어떻게 조직되는가다. 성취감과 공동체에 대한 책임감 등이 결합할 때 노동자가 '땡땡이'를 치지 않고 열성적으로 일하는 사례도 얼마든지 있다. 사람들이 경제적 인센티브에만 민감하게 반응하는 것도 아니다. 일자리를 잃었을 때 발생하는 기회비용이 반드시 돈을 벌지 못한다는 사실과 연관되는 것도 아니다. 사람은 사회적 존재이므로 자신이 속한 집단 안에서 아무런 역할도 부여받을 수 없다는, 그 상실감을 더욱 견디지 못하기도 한다. 실업자에게는 먹고살 길이 없는 것도 문제지만 할 일이 없다는 처지에서 발생하는 자존감 저하도 때로는 생계 못지않게 심각한 문제가 된다.

그러므로 경제학 교과서가 노동을 묘사하는 방식은 때로는 현실과 동떨어진 환상을 불어넣고 때로는 지저분한 현실을 미화한다.

가격차별 이론이 그러했듯이, 사람들이 노동을 바라보는 방식을 특정한 방향으로 이끄는 역할도 한다. 마치 표준어가 보통사람들이 실제로 쓰는 말을 모아놓은 것이 아니라 써야 할 올바른 말을 규범적으로 정의하는 것이라는 말과도 같다.

최악은 경제학 교과서가 침묵하는 전략을 사용하는 경우다. 침묵은 말해야 할 것을 말하지 않음으로써 문제를 드러내지 않고 덮어버린다. 졸업하면 대부분 노동자가 되어야 할 학생들에게 교과서는 노동의 권리에 관해, 노동 강도에 관해, 노동과 자본의 대립에 관해, 결국 노동 그 자체에 관해 말하지 않는다. 때로 침묵 뒤에는 악다구니보다 더 많은 것이 있는 법이다.

경제학 교과서에 나오는 '노동자'는 어떤 모습일까

실제로 경제학원론이나 미시경제학 교과서를 들추어 보면 노동은 보이지만 노동자는 그 어디에도 등장하지 않는다. 현대 미시경제학에서는 경제 주체를 크게 '소비자'와 '생산자' 둘로만 구분한다. 교과서의 배열 순서도 먼저 소비자 행동에 관한 이론이 나오고, 그 다음에 수학적으로 완벽하게 똑같은 논리 구조를 갖춘 생산자 이론이 나온다. 생산자는 주어진 비용으로 생산량을 극대화하거나 (같은 말이지만) 주어진 생산량을 최소한의 비용으로 생산하려고 생산요소를 구입하고 배치하며 기술을 선택하는 주체로 묘사된다. 눈치챘겠지만 이때 말하는 생산자는 노동자가 아니다. 구상 기능과 실행 기능이 분리돼 단순 반복적인 업무만 담당하는 노동자가 아니더라도 기업에서 노동자가 생산요소의 구입, 기술의 선택, 자금 조달과 같은 최종 결정을 하는 경우는 거의 없다.

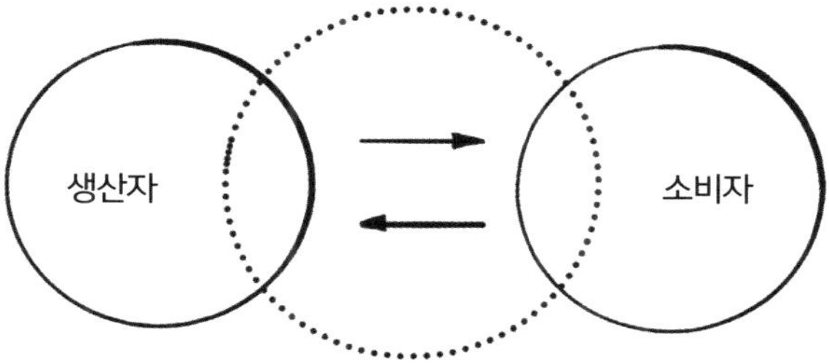

노동자의 자리는 경제학 교과서에 없다

이러한 결정을 하는 이들을 굳이 현실에서 찾아보자면 이사회 정도일 것이다. 또 한국의 재벌처럼 오너 경영이 일반화돼 있고 총수와 그의 일가가 확실한 지배력을 가진 곳이라면 자본의 실질적 소유자인 '자본가'일 것이다. 조금 범위를 확장해보면 한국의 사립학교나 교회 등 종교기관에서조차 '경영'상의 중요한 결정은 오너와 긴밀한 관계에 있는 몇 명에게 집중된다.

마르크스경제학에서처럼 모든 가치를 노동자가 생산한다고까지 주장하지는 않더라도 경제학 교과서에서 말하는 생산자에 이른바 직접생산자인 노동자가 빠져 있다는 점만은 분명하다.

노동자의 자리는 왜 없는 걸까

그렇다면 우리와 같은 노동자는 경제학 교과서에 언제 등장할까? 노동자는 여가와 소득 사이에서 만족 극대화를 추구하는, 소비자와 같은 모습으로만 등장한다. 아니면 생산의 3요소, 즉 노동–토지–자본 중 하나로서만 등장한다. 노동을 '인적자본(Human capital)'으로 보는 경우 노동자는 노동력이라는 자본을 소유하고 그 자본(노동력)을 투자하여 이익을 얻는 사람으로 묘사된다. 그러니 일자리를 구하지 못해 허덕이는 청년들에게 자신의 삶을 기획하는 벤처 정신을 지닌 '기업가'가 되라고 진지하고도 순진하게 충고(라기보다는 많은 경우 비난이나 모욕으로 들릴 수도 있다!)하는 정치인이나 자수성가한 기업가는 역설적으로는 경제학 교과서에 충실한 것일 수도 있다.

여담이지만 요즘 대학에서는 헤아리기 어려울 정도로 많은 각종 창업 강좌가 열린다. 심지어는 정규 교과목으로 열리기도 한다. 그러한 강좌는 물론 긍정적인 역할도 한다. 그러나 한 학기 내내 '실패를 두려워하지 않는' 도전 정신만 강조하는 강의를 듣다 보면, 공무원시험을 준비하려 한 자신이 마치 루저가 된 듯한 열패감에 젖는다고 호소하는 학생도 있다.

그런데 여기에는 사실 '담론의 정치적 효과'라는 중요한 이데올로기적 기능이 숨어 있다. 보험 상품을 판매하는 영업사원(물론 비정규직이고 불안정한 취업 형태다)을 자산관리 매니저, 파이낸셜 플래너 같은 이름으로 부르는 것이 좋은 예다. 미국의 어떤 은행에서는 그저 일상적이고 중요하지 않은 결정 권한밖에 없는 중간관리자급 직원에게 부사장보(Assistant vice president)라는 그럴듯한 명칭을 붙여주기도 한다. 물론 대중목욕탕의 때밀이를 세신사라고 부르듯이 보통 사람들이 기피하고 '천하다'고 생각하는 직종에서 차별과 편견을 제거하는 긍정적 효과를 기대하고 사용되는 경우도 없지는 않다. 그러나 많은 경우 이러한 담론들은 현실의 모순을 덮어 감추거나 본질을 흐리는 수단으로 사용된다. 해고를 의미하는 구조조정, 가격인상을 의미하는 가격현실화, 임금동결 때로는 삭감을 의미하는 경영합리화…… 이러한 예는 무수히 많다. '경제'에 기여한 바를 참작하여(심지어는 경제를 살리라는 의미에서) 실정법을 위반했지만 사면받는 재벌 총수들의 판결문에서 말하는 경제란 도대체 무엇일까? 그저 특권층이라서 사면받는 것이 아님을 주장하는 근거이자 '사회 전체에 이익이 되는 어떤 것'이라는 의미로 사용하는 둔사(遁辭)에 지나지 않을 수도 있다.

노동자라고 부르지 않으면 누가 이익을 볼까

할리우드 영화의 제목으로 쓰이기도 했던 표현 중에 '콜래터럴 데미지(Collateral damage)'라는 말이 있다. 우리말로는 보통 '부수적 피해'라고 옮긴다. 전쟁 중에 발생하는 민간인 살상을 나타내는 군사 용어다. 어느 시대 어느 곳에서나 전쟁이 일어나면 실제로 전쟁을 결정하고 사회 전체를 광기로 몰아넣은 지배자보다, 누가 정권을 잡건 어느 나라가 이기건 팍팍한 현실이라는 점에서 큰 차이가 없는, 민간인이 더 큰 피해를 입게 마련이다. 그런데 이를 가리키는 표현이 부수적 피해다.

이로써 전쟁의 참상은 '자유민주주의의 승리', '민족해방', '테러와의 전쟁'과 같은 '핵심적' 목표에 가려진다. 민간인이 입은 피해를 '양민학살'로 바꿔서 표현해보면 '부수적 피해'라는 용어가 가지는 무시무시한 정치적 성격을 쉽게 이해할 수 있다.

또 하나 '부수적 피해'라는 용어에서 주목해야 할 것이 있다. 바로 피해를 일으킨 주체가 누군지 설명이 전혀 없다는 사실이다. 주체를 명확하게 밝히지 않는 어법은 일반적으로 책임을 회피하거나 거짓말할 때 전형적으로 나타난다. 엄마가 외출한 사이 놀다가 유리창을 깨트린 아이는 엄마가 돌아오자 울면서 말한다. "유리창이 깨졌어요."

"내가 장난치다 유리창을 깨트렸어요"라고 말하지 않는다. "왜 유리창이 깨졌니?" 하고 엄마가 추궁하면 아이는 대답한다. "혼자 놀고 있었는데 갑자기…… 깨졌어요." 이와 마찬가지로 '부수적 피해'는 미군이 일으킨 것일 수도 있고 오사마 빈 라덴의 지지자들이 일으킨 것일 수도 있다.

경제학 교과서에 등장하는 여러 가지 개념 또한 이 '부수적 피해'라는 표현과 마찬가지로 주체가 명확하지 않은 경우가 많다. 이를테면 "수요와 공급이 일치하지 않을 때면 시장의 조정 과정을 통해 균형이 회복된다"와 같은 표현이다. 여기서 회복의 주체는 '균형'이다. 이렇게 서술하는 까닭은 경제학이 과학이려면 실증적인 명제만 말해야 한다고 생각하기 때문이다. '실증적'이라는 것은 '세상은 이래야 한다'가 아니라 '세상은 이러하다'라고 설명하는 것이고, 더욱이 경험적 증거로 맞고 틀리고를 검증할 수 있는 주장을 의미한다. 문제는 '세상은 이래야 한다'라는 선입견으로부터 '세상은 이러하다'라는 판단이 과연 자유롭게 나올 수 있을까 하는 점이다. 더구나 그 세상이 하나의 동질적인 실체가 아니라 다양한 이해관계를 가진 사람들로 이루어져 있음을 감안한다면 문제는 더 복잡해진다.

시장이란 무엇인가? 수많은 구매자와 판매자들이 모여서 거래하는 장소다. 물론 시장이 개개인의 의도대로 움직이는 것은 아니지만 '균형으로의 조정 과정' 같은 표현을 사용함으로써 균형은 무엇인가 자동적으로 일어나는 과정처럼 묘사된다. 더구나 (도덕적으로 나쁘다는 뜻이 아니라 인간의 힘으로는 어찌할 수 없다는 의미에서) '비인간적인' 과정임이 강조된다. 그런데 균형이 회복되는 과정에서 수많은 사람이 굶어 죽을 수도 있다. 경제학이 이런 표현을 사용하는 데는 여러 가지 이유가 있겠으나 19세기 이후 경제학이 물리학을 닮으려고 무진 노력했다는 과학사적 사실과도 관련이 깊다. 물리학자는 연구를 하면서 빠른 속도로 서로 충돌하는 원자들의 '고통'을 염려하지 않는다. 그러나 케임브리지의 여성 경제학자 조앤 로빈슨이 말했던 것처럼 '경제학은 인간의 조건에 관해, 인간이 수행하는 학문'이므로 이야기가 달라진다.

경제학 용어가 현실을 감추는 건 아닐까

주체를 모호하게 얼버무리면서 중립적인 단어로 현상을 묘사하는 담론 전략은 의도했든 안 했든 경제학 교과서 여기저기에 등장하며, 다시 경제신문이나 방송 등을 통해 확대재생산된다. 흥미로운 점은 이러한 전략이 집중적으로 사용되는 분야가 바로 '노동'과 관련된 분야라는 사실이다.

'노동 유연성'이라는 말이 있다. 실제로는 '노동 숙련의 유연화'라든가 '노동력 재생산의 유연화' 같은 여러 가지 의미가 포함될 수 있는 말이다. 그러나 경영자 단체나 경제신문 등에서 쓰이는 노동의 유연화는 '노동시장의 유연화'만 의미한다. '유연하다(Flexible)'라는 말은 좋은 의미를 담고 있다. 세상에 뻣뻣하게 경직돼서 좋은 것은 거의 없기 때문이다. 몸도 생각도 유연하면 좋다. 그러나 노동시장의 유연화는 결국 채용과 해고의 유연화를 의미한다. 더 현실적으로는 '노동자를 쉽게 자를 수 있는 자유'라는 의미다. 당연히 해고라는 행위의 주체인 자본은 숨고 해고 대상인 '노동'이 유연해지는 것으로 묘사된다. 극단적으로 말하면 '양민학살'이라는 말을 '양민의 유연화'라고 표현하는 것과도 같다.

새로 부임한 경영자가 말한다. "뼈를 깎는 고통으로 구조조정을 단행하겠습니다." 종업원의 머릿속에서 이 말은 이렇게 바뀐다. "우리 중 누군가를 자르겠다는 말이구나." 경영자의 말에서 지극히 중립적인 어감인 '구조'라는 명사는 '노동자'와 같은 말이고, '조정'이라는 동사적 의미를 담은 명사는 '해고'와 같은 말이다. 일본인들은 직장에서 '잘렸다'라는 말을 '리스토라당했다'라고 말한다. 아마도 'Restructuring'에서 유래했을 표현이다. 일본인은 본인의 해고를 말 그대로 '구조조정당했다'라고 표현하는 것이다. "해고는 살인이다!"라는 노동조합의 구호에는 편향적이라는 비난이 쏟아지는 반면 그에 못지않게 편향된 '구조조정'이라는 말은 이미 오래전 일상어로 자리 잡았다.

그렇다면 "경영의 '효율성'을 제고하겠다"는 말은 무슨 뜻일까? 당연히 이 세상 그 무엇도 비효율적이기보다는 효율적인 상태가 바람직하다. 그러나 '경영의 효율성 제고'라는 말은 압도적으로 임금 삭감, 사실상의 근무 시간 연장 등을 가리킨다. 오너 2세에게 경영권을 물려주려고 저지르는 갖가지 편법과 불법 같은 '비효율적' 행위는 경영 효율성 제고 대상에 들어가지 않는다.

통상 자본 측과 맞서고 있는 전투적 노동조합이나 진보적 언론에서는 가해자와 피해자를 명시하거나 심지어 약간 과장하는 담론 전략으로 맞선다. '족벌 경영'이라든가 '해고는 살인이다' 같은 말들이 그러하다. 그런데 발상을 뒤집어 자본에 대해 중립적인 어감인 용

표면적 언어	실제 뜻
노동 유연화	더 쉽게 해고하겠다
구조조정	단체로 해고하겠다
효율성 제고	임금을 삭감하겠다
자발적 실업	그 돈 주고는 고용하지 않겠다

어들을 전략적으로 사용해보면 어떨까? 재벌 2세에게 경영권을 억지로 물려주는 경우에 이를 '편법 상속'이라고 부르는 대신, 물려주지 않는 경우를 '능력본위 경영'이나 '경영 구조 합리화'라고 부르면 어떨까? 비리를 저지르고 사면받은 재벌 오너가 '사재 출연'을 한다고 말하지 않고 '재산 구조조정'이라 말하는 것은 또 어떨까? 억지스럽게 들릴 것이다. 하지만 말을 이렇게 바꿔보면 평소 노동에 관한 용어가 얼마나 정치적으로 오염돼 사용됐는가를 잘 알 수 있다. 서글픈 것은 내가 주장한 용어법이 확산되기 어렵다는 현실이다. 사회의 지배적인 담론 구조 자체가 그렇게 형성돼 있지 않다. 어떤 사회건 그 사회의 지배적인 구조를 합리화하는 이데올로기가 있게 마련이고 그 이데올로기는 사회 안에 있는 다양한 세력 사이의 힘을 반영하여 형성되고 보급된다. 대항 이데올로기에 대해서는 눈에 보이거나 보이지 않는 형태로 갖은 압력이 가해진다. 그러므로 적

어도 지금 한국 사회를 자본과 노동이라는 두 가지로 나눠 보면 노동을 배제하는 이데올로기, 그 담론 구조가 정착돼 있는 셈이다. 그런데 이는 비단 한국 사회의 특수한 사정 때문만은 아니며 경제학 교과서 자체가 지닌 근본적인 한계 탓이기도 하다.

실업은 자연스러운 것일까

경제학에는 '자연적 실업(Natural unemployment)'이라는 개념이 있다. 경제가 처한 상황에 따라 다르기는 하지만 2~3퍼센트의 실업률은 어쩔 수 없이 받아들여야 한다는 말이다. 더 심한 경우 '자발적 실업'이라는 말도 사용한다. 대학을 졸업했지만 임금도 낮고 고용 상태도 불안정한 일자리밖에 없어서 취업을 망설이며 더 나은 직장, 정확하게 표현하자면 대학에 다니면서 상식적으로 기대했던 수준의 일자리를 찾아 헤매는 이들은 '자발적 실업자'라고 불린다.

세계의 경제학 교과서 출판시장을 석권하고 있는 그레고리 맨큐의 《맨큐의 경제학(원서 제목은 《경제학원론Principles of Economics》)에는 '자연적 실업'이라는 용어에는 실업이 자연스럽다는 뜻은 결코 포함돼 있지 않으니 오해하지 말라는 말이 덧붙어 있다. 내 생각이 삐딱하기 때문일까? "너를 비난하자는 뜻은 아니지만~"이라는 말 뒤에 비난이 따라오지 않는 경우를 못 봤다. 마찬가지로 "내 자랑은 아니지만~"이라는 말 뒤에 자랑이 따라오지 않는 경우도 못 봤다. 맨큐의 문장을 읽으며 이렇게 거꾸로 떠올리게 되는 이유도 그 때문이다. "이봐 젊은 친구, 실업은 자연스러운 거야!" 맨큐의 진심이 그렇지는 않았다 하더라도 적어도 그를 속화된 형태로 해석하고 홍보하는 경제신문사 논설위원들이나 경영자 단체 간부들은 그렇게 생각하고 있을지도 모를 일이다. 사실 경제학을 잘 모른다고 종종 경제학자들(주로 대학교수들이다!)로부터 조롱당하곤 하는 저널리스트들의 문제만은 아니다. 아예 '실업은 존재하지 않는다'고 진지하게 단언하는 경제학자도 있다. 노벨 경제학상 수상자인 조지프 스티글리츠는 역시 노벨 경제학상 수상자이기도 한 에드워드 프레스콧이 어느 콜로키엄에서 그렇게 주장했다고 회고했다(〈이코노미 인사이트〉 2010년 5월호에 실린 인터뷰 참조). 무슨 소리인가 싶겠지만, 결국 모든 실업은 더 많은 임금을 요구하면서 자발적으로 취업하지 않는다는 의미에서 그렇다는 것이다.

노동자의 '편'은 과연 있을까

우리는 정권이 바뀔 때마다, 심지어는 기본적으로는 같은 정치 세력이 정권을 이어받는 경우에도 정부 조직이나 기관을 떠들썩하게 재편하는 모습을 많이 보아왔다. 또한 그럴 때마다 그 정치 세력이 세상을 바라보는 관점이 기관 명칭에 반영된다. 예를 들어 2001년 신설되었던 여성부는 2005년에 여성가족부로 이름이 바뀌었다가

2008년에 다시 여성부, 2010년에 또다시 여성가족부라는 이름으로 바뀌었다(현재는 폐지 논란마저 있다). 젠더 문제를 다루는 진보적인 의제를 가족이라는 보수적인 의제와 결합함으로써 그 정치적 성향을 바꾸려는 의도다. 교육부를 교육인적자원부로 바꾸는 것은 이미 교육 문제를 인적자원의 투자라는 문제로 보기 시작했다는 상징일 것이다.

노동부를 고용노동부로 바꾼 것은 또 어떤가? 고용노동부의 영어 명칭은 'Ministry of Employment and Labor', 고용'과' 노동에 관한 부처다. 이것은 결국 노동부가 노동자들이 당하는 억울한 일, 부당한 일을 중립적인 국가 입장에서 도와주는 기관이 아니라 노동과 고용을 동등하게 취급하는 부처라는 의미다. 심하게 비아냥거리자면 '노동을 고용하는 부처(Ministry of Employing Labor)'라고 해석될 여지도 있으니 노동자를 고용의 대상으로서만 생각하는 경영자적 잠재의식이 반영된 결과인지도 모른다.

2020년대에도 여전히 전체 취업자의 20퍼센트가 넘는다는 자영업자는 고용된 노동의 범주에서 제외된다. 안정된 정규직에서 밀려나 어쩔 수 없이 선택하는 자영업, 계급의식으로는 프티부르주아지(소자산 소유자)지만 실제 노동조건이나 전망으로 보면 비정규직 노동자와 다를 바 없는 많은 이들은 '노동자'가 아니게 되는 것이다.

우리가 사과를 오렌지라 부른다고 해서 사과라는 과일의 실체가 달라지지는 않는다. 그러나 때로 우리가 부르는 이름이 대상의 성격을 규정하는 경우가 있다. 아니, 사실관계를 정확하게 밝히자면 이미 대상의 성격을 머릿속에서 규정한 다음 이름을 바꿔 부르는 것일 수도 있다. 악이 존재하지 않고 선만 존재하는 아름다운 세계로 묘사하는 동화가 오히려 비도덕적일 수 있는 것처럼, 원주민과 백인 젊은이들의 낭만적 사랑 이야기가 살육과 정복의 어두운 역사를 감추어버리는 것처럼, 노동자가 등장하지 않는 경제학 교과서는 아마도 '노동은 어떻게 만들어지는가?'라는 질문에 대한 대답일 것이다.

노동자를 감추면 어떤 일이 일어날까

현대 경제학 교과서는 주로 미시경제학부터 출발해 거시경제학으로 나아가는 서술 순서를 갖추었다. 미시경제학이란 경제 주체가 제한된 자원을 어떻게 합리적으로 배분해 자신의 목표를 달성하는가 하는 문제를 설명하는 분과다. 중고등학교 수학 시간에 2차 함수나 3차 함수를 주고 일정한 구간에서 최댓값과 최솟값을 찾으라는 문제를 풀어본 경험이 있을 것이다. 낮은 단계에서는 먼저 그래프를 그린 다음 그 모양을 보고 최댓값, 최솟값을 찾는다. 높은 단계로 올라가면 그래프를 그리지 않고서도 함수를 미분해 대수적으로 푸는 방법을 익힌다. 실제로 경제학에서 가장 많이 사용되는 수학 중 하나가 미적분학인 이유도 그와 같다.

다니엘 디포의 《로빈스 크루소》에서 주인공 로빈슨 크루소는 배가 난파돼 표류하다가 무인도에서 살아가게 된다. 그는 경제적 합리성으로 무장한 사람이었다. 자신이 가진 자원을 정확하게 배분함으로써 삶을 훌륭하게 꾸려나간다. 나중에 프라이데이라는 노예를 '고용'하기도 하는데 로빈슨 크루소의 경제적 삶은 오롯이 혼자서 모든 걸 기획하고 실행하는 '기업가'적인 삶이다. 경제학적 개념을 빌려 표현하자면 그는 '최적화'에 훌륭한 재능이 있는 일종의 '미분기계'다.

물론 경제학에서 수학을 사용하는 것 자체를 잘못이라고는 할 수 없다. 그러나 수학적 표현이 갖는 특성상 변수와 변수의 관계는 확정적인 관계로만 나타난다. 그런데 하나하나의 변수는 경제적 삶을 영위하는 사람의 의도와 행동, 무엇보다 서로 다른 의도와 행동이 충돌함으로써 결정되는 것이다. 그저 노동을 2단위, 자본을 2단위 투입해 생산물이 4단위 나온다는 식으로 경제학적 표현을 쓴다면 그 노동 2단위를 뽑아낼 때 발생하는 노동자와 고용주·원청기업과 하청기업·기업과 소비자·노동자와 소비자 같은 수많은 갑과 을의 갈등과 협력 과정, 노동자를 두 시간 더 부리려고 고용주나 중간관리자가 가하는 유무형의 압력 따위는 간과돼버린다. 원청기업의 무리한 요구를 거절하지 못한 하청기업주의 약한 권력이 작용했을 수도 있고, 노동자의 서비스에 심각하게 이의를 제기한 소비자가 있을 수도 있다.

전직 CIA 수사관들이 쓴 《거짓말의 심리학》이라는 책을 보면 수사 대상인 용의자가 거짓말을 한다는 신호 중 하나가 '질문의 범위를 축소하는 것'이다. 예를 들어 고위공직자 청문회에 나온 후보자들이 위법행위 사실을 묻는 야당 의원의 추궁에 "제가 기억하는 한, 그런 적이 없습니다"라며 부정한다든가 "제 업무와 관련된 일에만 답하겠습니다"라며 답변을 거부하는 것은 십중팔구 자신이 거짓을 말하고 있다는 것, 즉 위법행위를 시인하는 신호라는 것이다. 경제학에서 "노동과 자본의 갈등은 생산함수라는 수학적 모델을 다룰 때는 고려하지 않는다"라는 말도 마찬가지다. '고려하지 않는다'라는 말 속에 도리어 고려해야만 하는 갈등이 존재하고 있음이 드러난다.

로빈슨 크루소는 누구와도 협력하거나 갈등할 필요 없이 자기 머릿속으로 치밀하게 세운 계획을 과단성 있게 실행만 하면 된다. 그러므로 로빈슨 크루소 이야기는 경제, 나아가 사회를 정교하게 조작하기만 하면 합리적으로 움직일 수 있는 기계처럼 생각하고 있는 셈이다. 세상을 내가 마음먹은 대로 움직일 수 있다는 꿈은 단지 세계 지배를 꿈꾸는 할리우드 영화 속 악당의 전유물이 아니다. 매우 잘 설계된 프로그램이 있어서 그것만 잘 운용하면 사회를 혁명적으로 변화시킬 수 있다는 꿈, 억압과 피지배에 대한 울분과 가지지 못한 이들에 대한 연대의 정신으로부터 출발했던 수많은 혁명가들이 세상을 얼마나 끔찍한 곳으로 만들었는지를 생각해본다면 말이다.

노동자는 자신의 자리를 찾아야 한다

경제학을 로빈슨 크루소식 이야기로 보는 관점에 격렬한 반감을 보인 인물이 바로 카를 마르크스였다. 마르크스가 보기에 로빈슨 크루소 이야기는 인간이 유적(類的) 존재라는 사실, 바꾸어 말하면 인간은 무슨 일이든 함께 모여 때로는 협력하고 때로는 갈등하면서 할 수밖에 없다는 사실을 완벽하게 무시한다.

기업 구조가 그렇고 경제 구조가 그렇듯 글자 그대로의 의미에서 CEO, 최고경영자는 소수다. 그리고 대부분은 CEO의 지휘를 받으면서 일하는 노동자가 될 수밖에 없다. CEO조차 노동자의 협력을 얻어내지 못하면 자신의 기획을 성공시킬 수 없다. 우리의 삶, 우리의 일을 혼자 정교하게 기획하고 기획한 바대로 실행에 옮김으로써 최선의 상태로 만들어나갈 수 있다는 것은 일종의 환상이다. 환상인 줄 모르고 주장한다면 어리석은 것이고, 알면서도 그렇게 주장하는 것은 속임수다. 혼자서 해낼 수 있다는 어리석음 혹은 속임수는 자기 '프로젝트'의 성패에 따른 과실이나 책임은 온전히 자신의 것이라는 자기 책임의 이데올로기를 강화하는 효과를 낸다. 이는 근대사회를 지탱해온 능력주의 원칙의 어두운 면이기도 하다.

내가 취업하지 못한 것, 내가 비정규직인 이유는 내 '스펙'이 부족하기 때문이다. 내가 죽도록 일해도 한 달 수입이 100만 원밖에 안 되는 것은 내 '생산성'이 그것밖에 안 되기 때문이다. 그렇다면 해결책은 무엇인가? 결국, 잠을 줄이고 노력하여 부족한 내 스펙, 부족한 내 생산성을 늘리는 수밖에 없다. 그런 사회에서 존중받는 노동자의 자리는 없다.

경제학 교과서와 경제적 담론에서 빠져 있는 노동자의 자리를 찾아야 한다. 단지 노동력을 공급하는 '아무개'가 아니라, 사회 시스템의 중요한 한 축을 담당하는 노동자의 자리를 찾아야 한다. 우리 거의 모두는 노동자이기에.

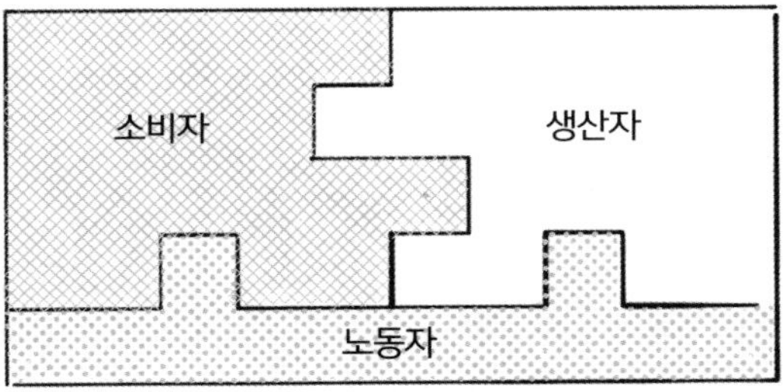

노동자가 한 축이 돼 경제 시스템을 지탱한다

3장

노동자의 또다른 이름은 소비자

핵심 질문:

나는 갑질 진상인가?

소비자가 노동조건을 만들까

영국에서 간행되는 비주류 사회과학 학술지인 〈자본과 계급〉 2008년 봄호에 실린 스티브 플리트우드의 논문은 이런 일화로 시작한다.

몇 년 전에 나는 점심을 먹기 위해 고속도로 휴게소에 들렀다. 내가 차 한 잔을 따르고 있을 때, 여성 종업원이 빗자루와 쓰레받기를 들고 내 옆 테이블 밑으로 기어들어가는 걸 보았다. 나는 좀 불편한 마음에 농담처럼 우리는 19세기 이후, 그런 일을 하기 위해 진공청소기가 있는 세상으로 옮아왔다고 말했다. 난 종업원의 대답을 기대한 것은 아니었다. 그런데 그는 일어서면서 '매니저가 진공청소기 쓰는 걸 좋아하지 않아요. 손님들을 방해하니까요'라고 말했다. 나는 별로 신경 쓰지 않는다고 중얼거렸으나, 실은 이 젊은 여성이 샌드위치를 먹는 내가 진공청소기 소리에 방해받지 않도록 하기 위해 무릎 꿇고 테이블 밑을 뒤지고 다닌다는 사실 때문에 몹시 신경이 쓰였다…….

이 에피소드에 관해 얼마 동안 생각한 끝에, 내 마음속에 지극히 불편한 질문이 떠올랐다.

'노동자는 소비자라는 또 다른 자아로서, 자신이 소비하는 재화와 서비스를 공급하는 다른 노동자의 낮은 임금과 해로운 작업조건을 유발할 수 있는 행동이나 태도를 취하는가?'

그리고 마찬가지로 불편한 결론에 도달했다.

'부분적으로는 그렇다.'

플리트우트의 글에서 묘사한 2000년대 중반 영국의 상황은 이미 한국에서도 익숙하다.

대형 마트의 비정규직 노동자가 휴일도 없이 일하는 이유에는 더욱 싸고 편하게 장을 보려는 소비자의 욕구가 분명히 큰 몫을 한다. 상당수 소비자가 계급적으로 같은 처지에 놓인 노동자라는 점 또한 분명하다. 역설적으로 임금 수준이 낮고 작업조건이 좋지 못한 어려운 처지의 노동자일수록 휴일에도 일하는 대형 마트가 절실하게 필요하다. 얼마 되지 않는 소득을 아껴 살림을 꾸려가야 하는 형편이라 한 푼이라도 싼 물건을 찾는 행위는 선택이 아니라 의무이기 때문이다. '손님은 왕(심지어 일본 사람들은 '손님은 신'이라고 말한다)'이라는 이른바 소비자주권은 이제 담론 수준을 넘어 일상을 움직이는 기제가 됐다.

노동자로서의 연대는 소비자로서 손해일까

노동자 정체성과 소비자 정체성이 충돌할 때 문제가 발생한다. 이 충돌은 게임 이론에서 말하는 '죄수의 딜레마(Prisoner's dilemma)'와 비슷하다. 이를테면 노동자로서 나는 열악한 작업조건과 불안정한 일자리 때문에 고통받는 대형 마트 비정규직 노동자와 연대해야 한다. 마트 안 가기 운동을 개인적으로 실천하는 것도 한 방법이다. 그러나 대다수 노동자가 연대하지 않는 상황에서 나 혼자 연대를 시도한다면 불합리한 구조는 바꾸지 못한 채 소비자로서의 합리적 소비와 효용 극대화를 이루지 못하는 결과만 가져온다. 그러므로 나는 개인적 차원에서 연대를 포기하는 것이 이득이다. 다른 노

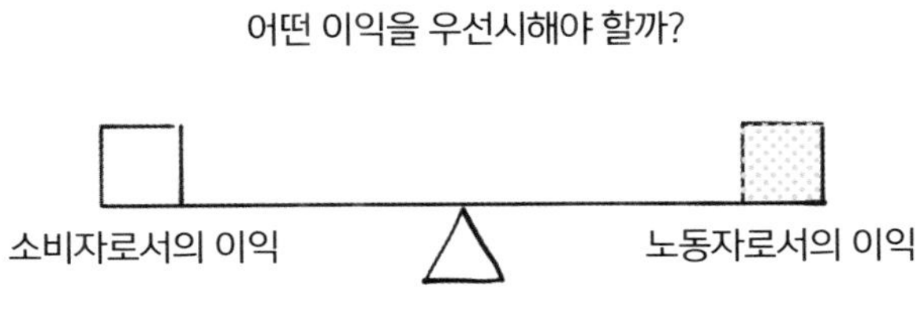

동자도 나처럼 생각하고 행동한다. 결국 플리트우드가 지적했듯이 이런 '나'들의 태도와 행동이 모여 집합적으로는 다른 노동자의 낮은 임금과 해로운 작업조건을 유발하게 된다.

모든 노동자가 작업장 안에서는 자본에 고용돼 지휘와 통제를 받으며 일하는 직접생산자다. 하지만 작업장 문을 나서는 순간 매일 매일 일할 수 있는 능력을 유지해야 하는 소비자다. 직접생산자인 노동자는 노동 시간이 길어지거나 노동 강도가 강화되는 등 작업조건이 악화되지 않도록 맞선다. 더 많은 임금과 더 안정적 일자리를 얻고자 다른 노동자와 단결해 싸우기도 한다. 그러나 소비자로서는 일단 받은 임금으로 가능한 한 값싼 상품을 많이 구입해 노동 능력을 원활하게 유지하는 것이 중요한 목표다. 미시경제학 교과서 첫 장에 등장하는 소비자 이론에서 말하는 '예산 제약하의 효용 극대화'가 그것이다. 플랫폼 노동이나 간접고용 등 다양한 방식으로 중소 자영업자나 노동자의 사정을 더욱 열악하게 만드는 제도가 도덕적 비난을 받으면서도 꿋꿋하게 살아남는 이유다.

노동자에게 보수를 많이 주면 소비가 늘어날까

노동자가 노동자인 동시에 소비자라는 사실을 경제학은 쉽게 인식하지 못했다. 노동자에게 지급되는 임금은 언제나 생산비용의 주요한 부분인 인건비로만 인식됐다. 인건비가 궁극적으로 기업이 시장에서 소비자를 만날 수 있게 해주는 구매력의 원천이기도 하다는 사실은 흔히 간과되었다.

상품을 동료 자본가에게만 팔 수는 없다. 인구의 다수를 이루는 노동자가 사주지 않으면 생산한 상품을 제대로 판매할 수 없다. 이런 문제 때문에 자본가는 자신이 생산한 상품을 사는 노동자에게 충분한 구매력이 있기를 기대한다. 개별 자본가 입장에서 가장 바람직한 상태는 자신은 임금을 적게 지급해 비용을 절약하고, 동료 자본가는 임금을 많이 지급해 시장에서 노동자가 충분한 구매력을 갖는 상태다. 모든 자본가가 이렇게 생각할 것이므로 서로 눈치만 보면서 임금을 적게 지급하려 하는 결과가 나온다.

이 역시 죄수의 딜레마와 같은 상황이다. 자본가 A와 자본가 B가 모두 저임금 전략을 추구하면 경제 전체적으로는 노동자를 지나치게 착취해 유효수요가 부족해지는 현상이 나타난다. 동시에 자백한 두 명의 용의자 모두 무거운 벌을 받게 되는 상황과 비슷하다. A와 B 중 한 명만 저임금 전략을 추구하고 다른 한 명은 고임금 전략을 선택하면 유효수요는 어느 정도 확보되지만, 그 혜택은 저임금 전략을 추구한 자본가가 더 많이 차지하게 된다. A와 B 모두 고임금 전략을 선택하면 노동자는 충분한 구매력을 갖게 되므로 최소한 유효수요 문제는 걱정하지 않아도 된다.

제2차 세계대전 이후 미국을 중심으로 하는 선진 자본주의 국가에서 성립한 '포드주의(Fordism) 축적 체제'는 노동자에게 높은 임금을 지급함으로써 대량 소비의 구매력을 확보하는 동시에 대량 생산을 유지하는 시스템이었다. 이는 1960년대 말부터 1970년대 초까지 오랫동안 번영을 누렸다. 포드주의 축적 체제의 특징을 죄수의 딜레마와 연결해 생각해보면 자본가 A와 자본가 B가 노동자에게 동시에 높은 임금을 지급해 죄수의 딜레마에서 벗어나는 상황이라고 볼 수 있다.

자신이 어떻게 인식했든 포드 자동차회사의 설립자이자 경영자 헨리 포드의 탁월함은 죄수의 딜레마를 깨고 나간 데 있다. 포드는 대량 생산하기 시작한 자동차가 더 이상 부자의 사치품에 머물러서는 곤란하다는 사실을 깨달았다. 그는 유명한 T형 포드를 생산하면서 이른바 '5달러 임금 정책'을 채택했다. 일당 5달러라면 당시 평균 임금보다 두 배 이상 높은 것이다. 다른 자본가들이 말도 안 된다고 생각할 만큼 높은 임금을 지급하는 전략은 자동차를 비롯한 내구 소비재시장을 확대해 궁극적으로 이윤을 실현하는 길을 열었다.

포드의 전략은 대량 생산과 대량 소비가 가능한 미국 자동차 산업의 특성과 맞아떨어졌다. 또한 포드주의는 국가가 케인즈주의적 정책을 펼쳐 유효수요를 관리하고 뒷받침하는 다양한 제도를 갖춤으로써 비로소 성공할 수 있었다. 단순화해서 말하면 여러 가지 제도적 조건 안에서, 자본은 상품을 더 많이 생산하고 높은 임금을 받는 노동자는 더 많이 소비했다. 자본의 고임금 전략에 노동자는 높은 생산성으로 화답하는 식의 선순환 구조가 이루어진 것이다. 이

것이 제2차 세계대전 이후 자본주의의 장기 호황을 가져온 포드주의의 요체다.

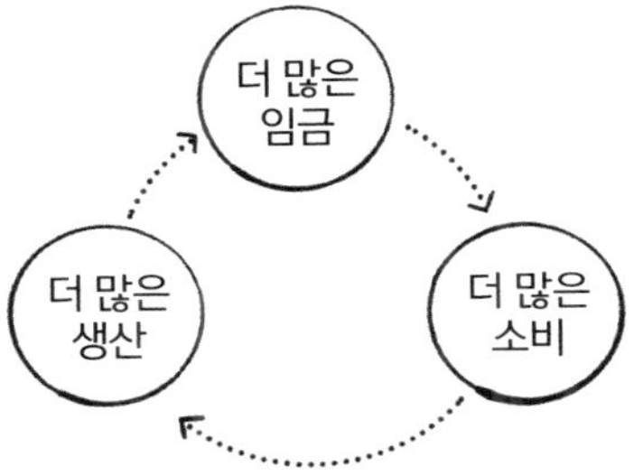

포드주의

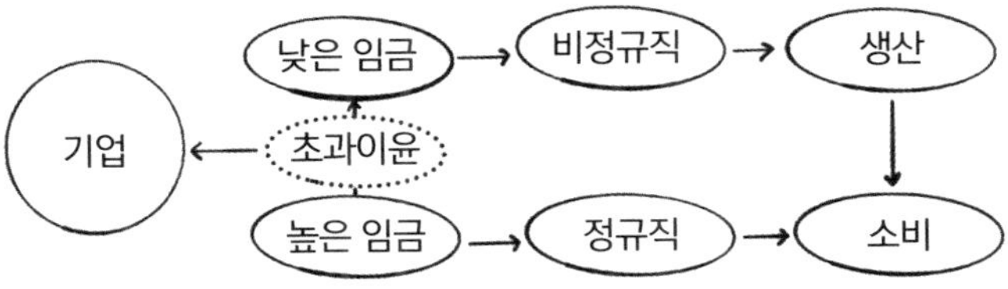

신자유주의

포드주의의 위기 이후 새롭게 신자유주의가 등장했다. 신자유주의는 자본의 딜레마를 '자유로운 시장'을 형성해 '만물을 상품화'하는 논리로 해결하려 했다. 이를테면 생산물을 판매하려면 있어야 하는 구매력은 정규직 노동자의 소득에서 찾고, 생산비용은 다수의 비정규직 노동자를 고용해 절감하는 이중적 구조였다. 글로벌라이제이션(Globalization), 즉 세계화는 이런 전략의 촉진제이자 결과물이었다. 흔히 말하는 '메이드 인 차이나' 제품이 포드주의 시대에 안정된 일자리와 높은 소득을 누리던 정규직 노동자의 일자리를 빼앗아갔다. 이때 자본과 노동의 대립, 갈등은 종종 노동과 노동의 갈등으로 나타났다. 더 중요하게는 노동자와 소비자의 이해 대립으로 나타났다.

2008년 벌어진 글로벌 금융위기 이후 신자유주의적인 축적 방식을 어떤 식으로든 다시 짜야 한다는 데는 극히 보수적인 경제학자를 제외하면 대부분 동의한다. 여기에는 국가 권력이나 거시적 경제 개편 같은 구조적 문제가 중요한 역할을 하게 될 것이다. 그러나 노동자 자신이 소비자라는 또 다른 자아로서 스스로에게 맞서는 아이러니가 해소되지 않으면 어떤 진보적, 민주적 구조 개혁 의제도 무의미한 주문에 그칠 수 있다. 공공성과 민주주의적 가치 확장, 그리고 그 대중적 확산은 어떤 경우에도 포기할 수 없는 중요한 의제여야 한다.

소비자와 노동자는 왜 갑을관계가 될까

서비스업에 종사하는 노동자들이 어법에 맞지 않게 쓰는 극존칭은 언론에서도 거푸 지적된 바 있다. 이를테면 이런 말들이다.

손님, 카푸치노 나오십니다.

문법상 틀린 말이라 지적해도 잘 고쳐지지 않는다. 여러 가지 이유가 있을 것이다. 어느 신문 기사에 따르면 극존칭을 사용하지 않으면 “왜 나를 무시하느냐!”라며 화를 내는 고객도 있다고 하니 틀린 줄 알면서도 어쩔 수 없이 쓰는 경우도 있을 법하다.

근대사회로 넘어오면서 ‘이론적’으로는 타고난 신분 때문에 직업의 한계가 정해지지는 일은 없다. 각자 가진 능력에 기초해 일자리를 얻고 경제적으로나 사회적으로 성공할 수 있다는 것이 바로 근대를 움직이는 능력주의의 핵심이다. 비록 마르크스주의자가 “굶어 죽을 자유”라고 비판하기도 하지만 일자리를 옮겨 다닐 수 있는 자유, 어느 한 고용주에게 얽매이지 않을 자유, 다시 말해 노동 이동의 자유는 근대가 지닌 중요한 민주주의적 특성임에 틀림이 없다.

무엇보다 일의 위계가 신분의 위계와 일치하지 않는다는 점이 근대사회 능력주의의 특징이자 장점이다. 노예가 주인에게, 농노가 영주에게, 천민이 양반에게 인격적으로 예속되는 것과 달리 피고용인인 노동자가 고용주인 자본가에게 인간적으로 꿀릴 필요가 없다는 것은 만인이 법 앞에 평등하다는 근대법 사상의 핵심과도 일치한다.

그런데 현실은 과연 그런가? 때로는 전근대사회의 잔재 때문에, 때로는 ‘법은 멀고 주먹은 가까운’ 현실 때문에, 어쩔 수 없이 작동하는 권력관계 때문에 우리는 자유로운 시장경제에 입각한 사회에 살고 있음에도 불구하고 때로는 일의 위계를 그대로 신분의 위계로 받아들인다.

먼저 전근대사회의 잔재를 보자. 사회의 물질적 구조가 바뀌고 그에 따라 제도가 변한 뒤에도 사람들의 습속과 문화는 쉽사리 변하지 않는다. 사장과 종업원이 대등한 계약관계라는 법률적 형식이 자리 잡았지만 사장과 종업원 관계가 마치 지주과 소작인, 왕과 신하, 적어도 부모와 자녀 간 관계와 엇비슷하게 받아들여지는 것도 이 때문이다.

다음으로 현실에서 작동하는 권력관계를 보자. 경제학자 로널드 코스는 기업을 '시장이라는 바다 위에 떠 있는 섬'과도 같은 존재라고 말했다. 마르크스는 오래전에 이미 그러한 개념을 이해했다. 자본주의사회는 시장이라는 제도를 통해 움직이는 사회다. 그리고 시장은 경제적 이익에 따라 같은 가치를 가지는 것끼리 교환한다는 원리로 운영된다. 그런데 시장에서 가장 적극적으로 활동하는 주체인 기업 내부에서는 시장 원리가 아니라 지휘와 통제의 원리가 작동한다. 마치 군대나 관료 조직에서 상급자가 결정해 명령하면 하급자는 그에 복종해야 하는 것과도 같다. 그러므로 아무리 고용주와 피고용자가 일대일의 계약관계에서 출발했다 하더라도 고용주는 피고용자에게 명령을 내리고 피고용자는 그 명령에 복종해야 한다. 더구나 기업은 이른바 계속기업(going concern), 즉 지속적으로 유지되는 조직이므로 이 관계 안에서는 명령과 복종이 되풀이된다. 이렇듯 권력관계가 반복해서 작동하는 동안 자연스럽게 생겨나는 유사 신분적 위계는 쉽사리 깨지지 않는다. 권력자가 지나가면서 자동차 안에서 무심코 던진 한마디에 온 마을이 주택 개량 사업을 벌였다는 해프닝은 권위주의 시대에만 벌어질 수 있는 일이 아니다. 외관상 형태만 부드럽게 바뀔 뿐 권력이 행사되고 작동하는 메커니즘은 본질적으로 변화 없다.

신제도주의라고 불리는 경제학 이론에서는 조직을 유지함으로써 드는 거래비용이 지나치게 커지면 기업 활동의 일부가 떨어져 나가 시장 거래로 바뀌는 경향이 있다고 밝힌다. 거래비용이란 명시적으로 금전적 지출이 발생하지 않더라도 거래를 계획하고 실행하며 제대로 이루어졌는지 확인하는 데 드는 여러 가지 눈에 보이지 않는 비용까지 포괄하는 개념이다.

어떤 기업이 자사 제품을 홍보하려는데 직접 조직을 꾸리는 비용보다 아예 전문 홍보회사에 위탁하는 데 드는 비용이 적다면, 홍보 조직은 기업에서 떨어져 나간다. 이렇게 되면 홍보 업무는 기업 내부의 지휘관계가 아니라 광고주와 광고회사 사이의 거래관계로 바뀐다. 그렇지만 이렇게 기업 조직이 분화해 일부가 시장 조직으로 넘어가는 경우라도 기업 내부에 있을 때와 비슷한 위계는 그대로 존속될 수 있다.

대기업이 생산 과정 일부를 떼어내 중소기업이나 프리랜서에게 하청을 주었다면 기업이라는 '섬' 중 일부가 시장이라는 '바다' 속으로 떨어져 나갔다고 표현할 수 있다. 그럼에도 이른바 '갑을관계'가 작동하기 때문에 갑이 가지는 권력이 일종의 신분적 위계, 좀 더 일반적으로 말하면 정치적 권력으로 전환될 수 있다. 더구나 을이 실제로는 비정규직 노동자에 가까우면서 외관만 자영업자나 개인사업자라면 권력관계는 기업 내부의 자본-노동의 권력관계보다도 더 강하게 작동할 수 있다. 이런 사례는 흔하디흔하다. 중소기업 사장이 대출을 받으려고 은행 지점장 앞에서 굴욕적으로 비위를 맞춰야 했다는 이야기, 부하 직원이 상사나 경영자의 개인적인 볼일까지 맡아서 처리했다는 이야기, 지도교수가 휴가를 떠난 사이에 그가 기르는 개에게 밥을 주려고 실험실을 지켜야 했다는 대학원생의 이야기까지.

어쨌거나 카푸치노를 주문한 사람보다 카푸치노를 더 높이는 어법이 일상화됐다면 이 표현이 어법에 맞지 않는다는 사실 자체를 따지기보다 왜 이런 어법이 나오게 됐는지 실재적 기초를 추적하는 일이 더 중요하다.

감정노동을 안 하는 사람도 있을까

'손님은 왕'이라는 말은 서비스업계의 규칙처럼 느껴진다. 그런데 왕이라 불리는 바로 그 소비자와 접촉하는 노동자는 이른바 감정노동을 해야 한다. 백화점 주차장으로 들어가면 늘씬하고 잘생긴 젊은이들이 제복을 입고 손을 흔들며 '배꼽 인사'를 한다. 무더운 여름이나 추운 겨울에는 육체적으로도 견디기 매우 힘든 일이다. 거기에 근육에 경련이 일 정도로 항상 웃는 얼굴을 유지하며 상냥하게 행동한다는 건 자신의 감정을 만들어야 하기 때문에 사람에 따라서는 육체노동보다 더 힘든 일이다.

시장경쟁이 격화하면서 감정노동은 앞을 다투어 확산됐다. 그런데 감정노동은 시킨다고 되는 일이 아니다. 그래서 감정노동의 배후에는 정교한 통제 기제가 작동한다. 애프터서비스로 유명한 전자회사의 수리 기사가 고객의 집을 방문하여 가전제품을 고쳐주고 가면 어김없이 수리 기사의 친절도와 고객만족도를 체크하는 전화가 회사로부터 걸려온다. 물론 전화를 거는 이도 감정노동을 해야 하는 노동자다. 게다가 그 회사 소속도 아닌 비정규직 노동자일 가능성이 크다. 통화 중의 온갖 욕설이나 성희롱 따위를 꿋꿋하게 견뎌내지 못한 콜센터상담원은 고객의 이의제기 건수에 따라 급여가 깎기기도 한다.

감정노동의 강도는 사회의 문화적 요인과도 관련이 있다. 남녀 차별적인 문화, 여성을 외모나 성적 매력으로 판단하는 경향이 강한 문화, 사람과 사람을 평등한 관계가 아니라 인종 같은 요인으로 차별하는 문화에서는 감정노동이 더욱 심할 것이다. 예를 들어 한국이나 일본 같은 동양권에서는 항공기 여성 승무원은 평균보다 미모가 뛰어나야 한다고 여긴다. 항상 상냥하게 웃는 얼굴로 고객을 맞아야 함은 물론이다. 건강한 체력이나 경험을 우선하는 서구의 항공사 승무원 선발 조건과는 확실히 다르다.

감정노동은 비단 서비스업 종사자에게만 필요한 덕목이 아니다. 모든 고용된 노동은 어느 정도 감정노동의 요소를 포함한다. 시쳇말로 이렇게 말한다. "남의 돈 먹기가 쉬운 일이 아니다." 사실 환영받는 노동의 중요한 전제조건이라 할 '지루함 참아내기', '체제에 순응하기' 자체에 이미 엄청난 감정노동 요소가 담겨 있다. 그러므로 감정노동과 그렇지 않은 노동을 구분하는 일은 어쩌면 작위적일 수도 있다. 정도의 차이가 있을 뿐 '일'이라는 본질은 큰 차이가 없기 때문이다. 그리고 노동시장의 조건이 노동자에게 어려워질수록 감정노동의 정도는 심해진다. 해고 위협이 상존하는 상황, 상사나 경영자에게 잘 보여야만 정규직으로 전환될 가능성이 있는 상황에서 감정노동의 강도는 세질 수밖에 없다.

누군가에게는 을이었던 사람이 다른 누군가에게는 갑이 되는 상황도 빈번하다. 호된 시집살이를 경험한 며느리일수록 고약한 시어머니가 된다고 했던가. 군대 등에서 문제가 되는 '내리 갈굼'도 그렇다. 갑에게 감정노동을 해야 했던 을은 다시 갑이 되어 다른 을에게 감정노동을 강요한다. 직무를 둘러싼 권력 안 어디에서나 을의 자리밖에 차지할 수 없는 노동자라면? 그는 다시 소비자라는 갑으로 변신하여 다른 노동자를 을로 만드는 데 동참하고야 만다.

다른 한편으로 일자리를 얻는 경쟁이 치열해질수록, 이른바 노동력의 수요자인 기업이 더욱 큰 권한을 갖는 구매자시장(Buyer's market)으로 되어갈수록 일자리를 원하는 사람들에게 요구하는 조건이 많아진다. 좋은 학벌, 높은 학점과 토익 점수, 그에 덧붙여 좋은 인상과 외모, 신체조건까지. 적절한 외모와 신체조건은 이제 유전적 요인이 아니라 개인의 자기관리 능력으로 여겨지고 있다. 매우 특별한 취향으로 여겨지던 에스프레소 커피가 일반화되면서 자판기 커피를 대체했듯이 많은 사람들이 자기관리 능력을 갖추면서 그러지 못한 사람은 열등하거나 게으른 사람이 되었다. 이것은 감정노동이 강화되는 또 하나의 메커니즘이다.

마르크스가 말하는 물신성(Fetishism)이 작동하는 현장도 바로 여기다. 나는 내가 스타벅스에서 마시는 커피가 과테말라의 마르티네즈가 재배한 원두인지 브라질의 산체스가 재배한 원두인지 전혀 신경을 쓸 필요가 없다. 마찬가지로 '좋은' 일자리를 얻으려는 지원자 또한 '사람'으로서보다는 그가 가진 '조건의 총체'로만 받아들여진다. 그 총체를 가격으로 나타내건 점수로 나타내건 높은 숫자를 획득한 사람이 좋은 일자리를 얻는다. 다시 거꾸로 좋은 일자리를 얻은 이라면 그 일자리를 얻기에 마땅한 '자격'을 갖추고 있었음에 틀림없다고 받아들여진다. 그리고 좋은 일자리가 요구하는 것이라면 감정노동이건 무엇이건 훌륭하게 수행해내는 것 또한 마땅하다고 수긍한다.

그리하여 이제 일을 하는 사람은 주어진 업무 외에 감정노동이라는 추가 근무를 당연하게 받아들이게 되었다. 소비자로서 감정노동을 받고, 노동자로서 감정노동을 하는 것이다.

4장

노동의 최전선, 자영업자

핵심 질문:

카페나 차리고 여유 있게 살 수는 없을까?

자영업자는 노동자일까, 아닐까

박사 과정을 수료한 뒤 몇 년 동안 '강의 재벌'이라고 자조하며 일주일에 열다섯 시간 이상 강의하는 전업 시간강사로 생활한 적이 있다. 내 사정은 전혀 고려하지 않은 채 시간표를 정해놓고 통보만 하는 대학의 관행 탓에 어느 학기에는 작은 지방 도시에 자리한 두 군데 대학에서 겨우 30분 간격을 두고 강의해야 했다. 나는 두 곳의 강의 어느 쪽도 포기할 수 없었다. 왜냐하면 일단 제 발로 그만둔 대학에서 다음 학기 강의를 다시 얻기란 불가능에 가깝기 때문이다. 그래서 본의 아니게 앞의 강의를 10분쯤 일찍 끝내고 뒤의 강의는 상습적으로 10분쯤 늦게 시작하는 방식으로 학기를 꾸려나갔다. 그 40~50분 동안 미친 듯이 차를 몰아 도시의 남쪽 외곽에서 동쪽 끝으로 내달렸다. 학기 내내 도로 위에서 시간과 싸우면서 신호 위반과 난폭 주행을 서슴지 않았다. 대학강사는 현실과는 별개로 외관상 꽤 지적인 직업이라는 나름의 위안거리라도 있지만 내가 정말 몇천 원이라도 더 벌어야 먹고살 수 있는 저임금 노동자였더라면 그 위험천만했던 질주는 '죽도록 일해서 겨우 먹고살기'의 범주에 속하는 것이었으리라.

'죽도록 일해서 겨우 먹고살기'의 전형적 사례가 바로 식당이나 간이주점 등을 운영하는 한국의 영세 자영업자들이다. 언젠가 24시간 문을 여는 술집 겸 음식점에서 새벽 기차를 기다리며 밤을 새운 적이 있다. 서울 강남에서도 목이 좋다는 곳이었음에도 밤새 술을 마시거나 식사하는 손님이라곤 내가 앉아 있던 자리까지 합쳐봐야 두세 테이블에 불과했다. 사실 그런 경우라면 차라리 가게 문을 닫고 일찍 들어가서 가족과 함께 시간을 보내거나 잠이라도 푹 자는 편이 나을 것이다. 프랑스 같은 유럽 국가는 물론이고 일 많이 하고 부지런하기로 소문난 일본에서도 관광지 같은 특수한 지역을 제외하면 식당 같은 상점이 밤늦게까지 영업하지 않는다. 한국에서 이러한 심야 영업이 많은 근본적인 이유는 자영업의 기회비용이 매우 낮기 때문이다.

경제학 교과서의 생산 이론에는 '조업중단점'이라는 개념이 있다. 생산해봤자 이익이 얼마 없으니 차라리 생산을 중단하는 것이 더 나아지는 지점을 가리킨다. 만약 자영이 아니라 노동자를 고용해 인건비를 추가로 지불해야 하는 형편이라면 밤새 두세 테이블의 손님을 받으려고 영업하는 쪽이 오히려 손해다. 그렇지만 주인이 '몸으로 때우는' 자영업은 '노느니 한 푼이라도 버는 쪽'이 낫기 때문에 조업중단점에 금방 도달하지 않는다. 가령 하룻밤 사이에 10만 원의 매상을 올린 자영업자를 생각해보자. 그는 심야 영업을 하건 안 하건 매달 일정한 임대료를 내야 한다. 더욱이 장사를 시작하면서 틀림없이 막대한 권리금을 이미 치렀을 것이다. 심야 영업을 함으로써 추가로 드는 비용은 전기요금, 수도요금, 재료비 등 이른바 가변비용뿐이다. 만약 하루치 가변비용이 5만 원이고 매상을 10만 원 올렸다면 결국 5만 원의 이익을 얻었다는 뜻이다.

그러나 여기에 한 가지 맹점이 있다. 식당 주인은 밤을 새워가며 대여섯 시간 동안 일했다. 따라서 기회비용이라는 개념으로 생각한다면 가변비용 안에 자신이 대여섯 시간 동안 일한 인건비도 포함해야 마땅하다. 최저임금 기준으로 시간당 만 원쯤으로만 잡아도 여섯 시간 일했다면 6만 원이다. 그렇다면 경제학적으로 따져서 주인이 얻은 이익은 5만 원에서 6만 원을 뺀 값, 즉 이익이 아니라 만 원의 손실을 입은 셈이다. 결국 잠도 못 자고 대여섯 시간을 일한 결과는 경제학적 손실 만 원이다. 그런데 자영업자에게 그 노동은 원래 자신의 몫이다. 경제학적인 엄밀한 계산보다 5만 원을 벌었다는 사실을 더 중요하게 여긴다. 말하자면 자신이나 가족의 노동력 지출은 직접 지갑을 열어 대가를 지불하는 게 아니기 때문에 약간이라도 매상을 올려 장부상의 이익을 얻을 수 있다면 가게를 열고 잠을 자지 않으며 버틸 유인이 되는 것이다. 이러한 현상을 그럴듯하게 이름 붙여보자면 '노동의 자기착취'라고 할 수 있다.

그렇지만 '자영'이라는 사실이 곧바로 '노동의 자기착취'로 이어지지는 않는다. 오히려 자영 노동은 타인에게 고용된 노동보다 자유롭다는 의미에서 노동 당사자에게 질적으로 더 나은 측면이 있다. 똑같은 시간을 일하더라도 자신이 노동의 리듬을 주도하는 상황과 다른 누군가의 통제를 받는 상황은 의미가 매우 다르기 때문이다. 물론, 뒤에서 다시 언급하겠지만 많은 개인사업자가 사실상 누군가의 지휘나 통제를 받기 때문에 순수한 의미에서의 자영 노동이라고 보기 어렵다고 할 수도 있겠으나, 자영업 자체가 장시간 노동과 같은 뜻일 이유는 없다는 말이다.

자기 노동을 착취하는 중요한 이유는 그 시간 동안 돈을 벌 수 있는 다른 기회가 없기 때문이다. 안정적으로 최저임금이라도 벌 수 있는 일자리가 있다면 밤새 두세 테이블의 손님을 상대하느니 차라리 그 일자리를 얻어 일하는 편이 나을 것이다. 이런 형태는 어쩌면 '돈을 벌기 위해 일하는 것'이 아니라 '일하기 위해(즉, 망하지 않기 위해) 돈을 버는 것'이라 표현할 수 있을 것이다. 카페를 차렸는데 장사가 안 돼 아르바이트생들 인건비라도 충당하려고 부업으로 번역일을 해야만 했다는 어느 주인의 에피소드는 이러한 현실을 극적으로 보여준다(그나마 그런 일자리가 있다는 사실에 기뻐해야 할까?).

영세 자영업자의 '죽도록 일해서 겨우 먹고살기'는 별다른 대안이 없기 때문에 어쩔 수 없이 하는 선택이다. 즉, 자영업의 빈곤과 가혹한 노동조건은 궁극적으로 '노동자'의 사정과 긴밀하게 연결돼 있다. 그러므로 자영업자가 아무리 주관적으로는 자본가의 마인드를 가지고 있다 하더라도 실제 객관적인 삶의 조건은 노동자로 규정할 수 있거나 적어도 노동자의 삶과 유사하다.

'죽도록 일해서 겨우 먹고살기'가 자영업자나 최소한의 생계비라도 벌려고 허덕이는 저임금 노동자에게만 국한되는 이야기는 아니다. 노동시장의 조건이 노동자에게 불리해질수록 노동자끼리의 경쟁은 치열해진다. 그 결과 단순히 돈을 더 벌기 위해서만이 아니라 내 자리를 유지하기 위해서라도 자의 반 타의 반으로 일을 더 해야 한다. IMF 위기 당시 직장인 사이에서 자기 책상이 없어질까 봐 두려워 퇴근을 못 하고 야근한다는 우스개가 유행했다. 1970년대 여공들이 한 푼이라도 더 벌려고 각성제를 먹어가며 철야 작업을 해야 했다면 21세기의 직장인은 힘겹게 얻은 일자리를 지키려고, 불안한 비정규직에서 안정된 정규직으로 전환하려고 자기 노동을 착취하고 있다. 다시 한번 말하자면, 24시간 중 몇 시간을 노동에 쓰고 몇 시간을 여가에 쓰는가를 자발적으로 선택한다는 경제학 교과서의 아름다운 동화는 잔혹한 현실 앞에서 힘을 잃고 만다.

한국은 자영업자 덕분에 살아가는 것일까

한국의 서비스업이 선진국에 비해 낮은 가격으로 버틸 수 있는 이유는 '죽도록 일해서 겨우 먹고살기'를 선택할 수밖에 없는 수많은 영세 자영업자가 있기 때문이다. 자영업자가 되는 경로는 두 가지다. 하나는 사업 전망이 좋은 기회를 스스로 찾아 들어오는 경우, 경제학에서 말하는 풀(pull) 요인에 의한 것이고 다른 하나는 일자리를 얻을 기회가 마땅치 않아서 어쩔 수 없이 밀려 들어오는 경우, 푸시(push) 요인에 의한 것이다. 이렇게 밀려나는 영세 자영업자는 결국 원가 절감, 과잉 노동, 노동의 자기착취 등으로 한국 경제의 충격 흡수 장치 역할을 하고 있다.

미국이나 일본의 예를 들 필요도 없다. 서울에서 강남의 번화한 상업 지구와 강북의 변두리 주거 지구를 비교해보면 안다. 강북 변두리에는 강남 미용실의 절반 이하 가격으로 머리카락을 자를 수 있는 미용실이 아직도 얼마든지 있다. 변두리 미용실의 전형적인 풍경은 대개 이렇다. 대여섯 평 되는 자그만 공간에 미용 의자 서너 개가 놓여 있고 미용사는 안쪽에 딸린 쪽방 같은 공간에서 밥을 해 먹기도 하고 몸을 뉘어 잠을 자기도 한다. 저녁이 되면 된장찌개를 끓이며 식사를 준비하다가 손님이 오면 잠시 멈추고 국자 대신 미용 가위를 들고 나와 일을 한다. 사실 내 또래가 어렸을 적에는 지방은 물론 서울 어디에서나 흔히 볼 수 있는 모습이었다.

선진국으로 여행을 갔을 때 물가가 비싸게 느껴지는 대표적인 이유 중 하나가 바로 서비스 같은 비교역재가 존재하기 때문이다. 미국은 여전히 한국에 비해 1인당 GDP가 두 배쯤 되는 나라다. 하지만 일상적인 소비생활을 들여다보면 평균적인 미국인이 평균적인 한국인에 비해 두 배쯤 잘사는 것처럼 보이지 않는다. 미국의 비싼 서비스 가격이 중요한 원인이다. 따라서 우리가 이나마 살 수 있는 것은 동시대를 살고 있는 다른 누군가가 희생하고 있기 때문이라고 말할 수 있다. 한국 사회에서 소득 수준이 그다지 높지 않은 사람도 어느 정도 버티고 살아갈 수 있게 해주는 장치 중 하나가 바로 저렴한 서비스 가격이라는 이야기도 된다.

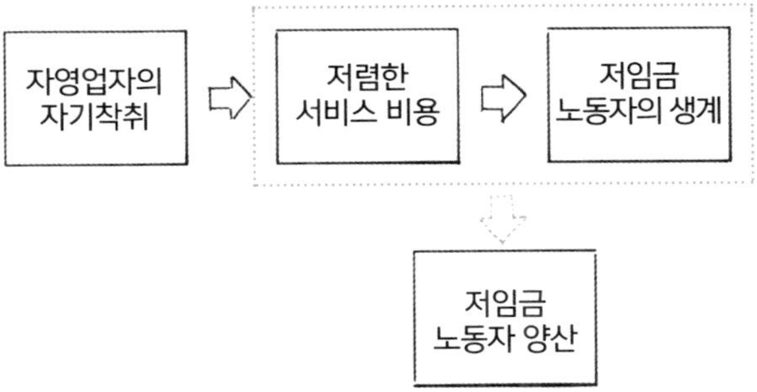

물론 이것은 양날의 칼과도 같은 것이어서 저렴한 서비스 가격은 결국엔 돌고 돌아 낮은 임금이나 열악한 근로조건에서 헤어나지 못하는 많은 불안정 취업자를 발생시키는 원인이 되기도 한다. 서비스 가격이 싸기 때문에 생활비가 적게 들 수도 있지만, 거꾸로 생활

비가 적어서 서비스 가격이 낮게 유지된다. 안정된 고용조건을 유지하면서 높은 임금을 받는 일자리가 부족하니 많은 사람들이 그 자리에 진입하지 못하고 서비스업으로 가기 때문이다.

우아한 카페 사장님이 될 수 있을까

매일 '9시 출근 6시 퇴근'에 맞춰 일하고, 그러면서도 야근을 밥 먹듯 하고, 승진 걱정을 달고 살고, 가고 싶지 않은 회식에서 나이 든 상사 비위를 맞춰주는 일 따위에 시달리는 직장인은 한 번쯤 '자기 일', '자기 사업'을 꿈꾼다.

《골목시장 분투기》라는 책에 홍대 앞에 커피가게를 차렸다가 실패한 경험담이 나온다. 평소 많은 사람이 생각하는 것일 테니 굳이 책을 인용할 필요 없이 나름대로 재생해보겠다.

> 깔끔한 분위기의 인테리어에 조용한 클래식 음악, 은은한 커피 향내, 책꽂이에 놓인 인문학 서적들, 우아하고 멋지며 결코 억지나 추태를 부리지 않는 선남선녀 손님들. 나는 만원 버스에 시달릴 필요 없이 느지막이 출근해 커피를 볶고 갓 내린 신선한 커피 한 잔을 맨 먼저 마시며 느긋하게 통유리 창문 밖으로 펼쳐지는 사람 사는 풍경을 바라본다. 손님이 오면 커피를 권한 후, 나는 카운터 한편에 앉아 책을 읽거나 글을 쓴다. 이곳에는 내게 말도 안 되는

명령을 내리는 상사도, 치열한 승진 경쟁을 벌여야 하는 옆자리 동료도, 저절로 허리를 숙여 굽실거리게 만드는 오너의 젊은 아들도 없다. 재충전이 필요할 때면 하루 이틀 가게 문을 닫고 가족 여행이라도 훌쩍 다녀올 수 있겠지.

현실이 이러한 상상과 전혀 다르다는 사실은 이미 잘 알려져 있다. 지금 이 순간에도 얼마나 많은 카페가 문을 닫고 있는가. 장사가 잘되지 않아 망하기도 하고 너무 잘돼서 망하기도 한다. 문 열자마자 손님이 밀려드는 바람에 시설을 확장하고 종업원을 더 고용했다가 경기가 나빠지면서 투자비용을 감당하지 못해 망하기도 한다. 장사가 잘되자 이웃에 더 화려한 시설과 더 싼 가격으로 맞서는 경쟁자들이 출현해 망하기도 한다. 입주한 건물 주인이 임대료를 올려달라고 하는 바람에, 치솟을 대로 치솟은 권리금을 주고 들어왔으나 회수할 수 없어서 망하기도 한다. 아르바이트생에게만 가게를 맡겨둘 수는 없는 노릇이므로 본인은 물론 가족이 모두 동원되어 일해야 한다. 고정비용은 일정하니 한 시간이라도 더 영업을 해야 한다. 급기야 24시간 철야 영업도 불사한다. 심야에 아르바이트생을 구하기는 힘드니 직접 가게를 지켜야 한다. 가족 여행은커녕 잠잘 시간도 부족할 지경이 된다.

이렇듯 '카페 사장님'은 '비정규직 노동자'로 전락하고 만다. 그런데 여기에서 계급의식과 계급 지위가 일치하지 않는다는 고전적인 사회학적인 문제가 생겨난다. 나는 누구에게도 고용돼 있지 않다. 심지어는 아르바이트생일망정 몇 명을 고용하기도 했다. 그러므로 나는 '자본가'이거나 적어도 '소자산 소유자'가 된다. 사실 카페를 차리는 데는 퇴직금이나 쌈짓돈 몇억 원은 들어갔을 테니 그 정도 자본도 없는 사람들에 비하면 어엿한 '자산가'다. 그러므로 이 경우의 계급의식은 굳이 따지자면 프롤레타리아트보다는 부르주아지에 가깝다. 그러나 삶의 물질적 조건은 전혀 부르주아지라고 할 수 없다. 더구나 한국의 수많은 자영업 중 상당수는 3년 이내에 폐업하고 만다니 카페 주인의 삶은 결국 어림잡아 3년짜리 계약직 비정규 노동자와 다를 바 없다고 할 수 있다. 불과 얼마 전까지 정규직 노동자였다가 퇴사 후 자영업자가 되었으나 삶의 조건은 비정규직 노동에 가깝다. 이 모습은 지금 안정된 일자리를 찾아 백방으로 뛰고 있는 청년 구직자들의 미래이기도 하다.

프리랜서는 비정규직 노동자의 다른 말일까

CEO라는 단어가 그러하듯 '프리랜서'라는 영어 단어는 1인 자영업이라는 말보다 뭔가 품격 있게 들린다. 사실 프리랜서가 항상 혼자서 일하지만은 않는다. 직종에 따라 프리랜서들이 모여 사업자등록을 하고 여기저기서 일감을 따와 일하는 형태가 오히려 일반적이다. 영어의 'free'라는 단어에 '자유'라는 뜻뿐만 아니라 '결핍(~이 없는)'이라는 의미도 있는 것처럼 프리랜서는 직장 안의 위계에 구속받지 않는다는 이점이 있는 동시에 항상 '일감 없음'의 위협에 노출돼 있다. 생계조차 곤란할 정도로 궁핍하게 생활하다가 죽은 시나리오 작가의 슬픈 사연이 많이 알려졌듯이 출판이나 문화예술, 광고처럼 정신노동에 가까운 일에 종사하는 분야에서 그런 프리랜서의 특징이 많이 나타난다.

내 직업상 잘 아는 학술 분야도 다르지 않다. 정부 부처나 각종 연구기관에서 발주하는 정책 관련 연구 프로젝트에 선정되면 연구비를 받는다. 이 연구비로 인건비 등 경비를 충당하면서 먹고사는 프리랜서 연구자의 결합체인 'ㅇㅇ경제연구소'라는 곳이 꽤 많이 있다. 요즘은 많은 사람들이 선망하는 국책 연구원이나 로펌에서조차 외부 프로젝트 수주 실적에 비례해 연구원의 급여를 지불하는 경우가 있다.

프리랜서의 경쟁 상대가 프리랜서로만 국한되지는 않는다. 지속적인 수요가 존재하지 않고 어느 시점에 모였다가 흩어지는 방식으로 일이 이루어지는 분야에서 기업은 당연히 일상적인 조직 형태를 유지하기보다 그때그때 필요한 만큼만 일감을 주고 그 대가를 지불하는 계약 형태를 선호한다. 그러니 프리랜서는 소득의 많고 적음에 상관없이 불안정한 노동의 전형이다(소득이 많다고 해서 불안정하지 않은 것은 아니다). 비정규직 노동이 많아지는 까닭은 다른 각도에서 보면 많은 노동자가 점점 더 프리랜서에 가까워진다는 뜻일 수도 있다.

역사적으로 소규모 자영업(또는 자영농)의 경제적 상황이 어려워지면 왕정복고나 파시즘처럼 정치를 퇴행시키는 변화로 이어지고는 했다. 역사의 진행을 한두 가지 요인만으로 설명하는 것은 불가능하고 위험하지만 이러한 현상이 일어나는 중요한 이유 중 하나는 계급의식과 계급 지위가 엇갈리는 이들을 대변해줄 정치 세력이 없기 때문이었다. 보수정당은 진정한 자산계층의 이익만 대변한다. 진보정당은 존재하지 않거나 존재하더라도 '진짜' 노동자의 이익만 대변한다. 그리하여 프리랜서들은 갈 곳을 잃고 '착한 시장경제', '위대한 국가' 등의 공허한 구호에 몸을 맡기게 된다. 적어도 지금보다는 덜 힘들었던 (것으로 기억되는) 과거에 대한 회고적 낭만주의 또한 이들의 빈틈을 놓치지 않고 스며든다.

모두가 CEO가 되기를 꿈꾸지만 현실은 노동자부터 출발한다. 앞서 말했듯이 자영업자의 문제는 개인사업자, 프리랜서의 형식으로 존재하는 비정규직 노동의 문제다. 하지만 경제학에서는 물리학이 원자의 세계를 따질 때 실제 세계와 인간을 배제하듯이, 노동과 인간을 배제한다. 이렇게 가치판단을 배제함으로써 자영업자의 문제는 이론적으로 합리화되며 현실에서 더욱 강화되고 있다.

PC방은 어떻게 망하지 않았을까

어린 시절 우연한 기회에 바둑을 배우게 되었다. 신기한 오락거리가 지금처럼 많지 않던 시절이니 초등학생이 바둑알을 잡고, 하다못해 알까기라도 하며 노는 건 흔한 일이었다. 그런데 나는 적성에 맞아 진짜 바둑을 탐닉하기 시작했다. 혼자 바둑책을 읽어나갔고 동네 또래는 물론이고 몇 살 위인 형들 중에 적수가 없을 실력이 되었다. 그래서 강호의 고수를 찾아 나서는 무인처럼 드디어 기원(棋院)에 다니기 시작했다. 요즘은 주로 인터넷에서 사이버 바둑을 두니 기원을 찾아보기 힘들다. 몇몇 기원이 남아 있긴 하지만 대개 아이들 방과 후 교육의 일환인 바둑 교실을 운영하며 명맥을 유지한다. 그러나 그때만 해도 기원이 꽤 많았다.

그런데 몇 차례 기원을 들락거리다 보니 내게 궁금한 점이 생겼다. 기원 주인이 도대체 어떻게 먹고살까 하는 점이었다. 기원은 일종의 바둑 카페 같은 곳이다. 혼자 가면 실력에 맞는 상대와 바둑을 둘 수 있도록 적절한 상대를 골라 소개해준다. 정 상대가 없으면 기원 주인이거나 직원인 '사범'이 상대해준다. 이런 기원에서는 특이하게도 바둑을 두지 않고 구경만 한다면 아무리 오래 머물러도 돈을 낼 필요가 없다. '기료'라 불리는 입장료쯤 되는 돈은 상대를 만나 바둑을 두기 시작하는 순간 내면 된다. 그러므로 사범에게는 혼자 온 손님이 바둑을 두게 만들어 기료 수입을 올리는 나름의 유인이 있다. 그런데 기료에는 또 다른 특징이 있다. 내가 바둑을 30분

동안 한 판만 두건 하루 종일 죽치고 앉아 열 판을 두건 똑같다. 심지어 밖에 나가 밥을 먹고 와도, 잠시 볼일을 보고 다시 들어와도 당일에 한해서는 추가요금을 내지 않아도 된다.

내 궁금증은 이런 것이었다. 한 사람당 기료가 천 원이고 기원 안에는 다 합해 바둑판 스무 개가 놓여 있다고 하자. 그렇다면 사람이 꽉 차 대국을 벌여도 마흔 명밖에 바둑을 둘 수 없다. 정상적인 상황이라면 기원 주인이 하루 종일 벌 수 있는 수입의 최댓값은 4만 원이다. 물론 이론상으로는 마흔 명이 30분마다 한 판씩 둔 다음 사라지고 새로 마흔 명이 연이어 입장하는 식으로 회전한다면 무한대로 수입을 올릴 수도 있을 것이다. 그러나 제 발로 기원에 찾아올 정도로 바둑을 좋아하는 사람은 한 번 바둑판 앞에 앉으면 대개 하루를 통째로 보낸다. 그러니 회전이라는 개념은 기원에서는 의미가 없다. 그렇다면 현실적으로 벌 수 있는 수입의 최댓값이 정해진 상태에서 그리 비싸지 않은 기료를 받으면서 기원은 어떻게 먹고살 수 있을까? 당시 잘 이해되지 않았다.

나이가 들어 기원 밥을 몇 년 먹다 보니 일종의 영업 비밀을 하나 알게 되었다. 기원 한쪽에 칸막이를 치거나 방으로 꾸며진 특별 대국실에 내기 바둑을 두는 이들이 드나들었다. 밤이면 아예 포커나 마작 같은 도박판이 벌어지기도 했다. 그럴 때 기원 주인은 말하자면 카지노나 도박장 같은 장소 대여료 명목으로 기료보다 훨씬 많은 수입을 챙길 수 있었다. 업주로서는 위험부담이 큰 '변태 영업'인 셈이다. 물론, 당시 그 많던 기원이 모두 변태 영업만으로 돈을 벌었다는 것은 복권 사는 사람이 모두 당첨금으로 먹고산다고 가정하는 것이나 마찬가지일 테니 내 물음에 대한 진정한 해답을 얻어낸 것은 아니었다.

생각해보면 기원만 그런 것이 아니다. 요즘 시골 읍내에서도 쉽게 발견할 수 있는 PC방도 마찬가지다. 일정한 면적에 설치할 수 있는 컴퓨터 대수는 제한돼 있다. 각 컴퓨터마다 이용이 가능한 시간도 하루 최대 24시간으로 정해져 있다. 그렇다면 기원에 하루치 수입의 최댓값이 정해져 있듯이 PC방 한군데서 올릴 수 있는 최대 수입도 정해져 있는 셈이다. 그런데 수입과 반대로 비용은 정해져 있지 않다. 주로 늘어나는 쪽으로 이동한다. PC방이 한창 우후죽순처럼 생기던 시절에는 부동산 거품이 심해 땅값이 천정부지로 치솟았다. 건물 임대료도 따라 올랐다. 그렇다면 PC방 주인은 살인적인 임대료를 내면서도 도대체 어떻게 그런 싼 이용료를 유지할 수 있단 말인가?

어떤 사업인들 그렇지 않느냐고 반문할 수도 있겠다. 수많은 문인이나 철학자들이 설파했듯이 어차피 삶이란 기다리는 것, 시간과의 싸움 아니던가. 차라리 시간을 견디는 게 일이라고 본다면 모든 비즈니스가 본질적으로는 같을지도 모르겠다. 하지만 기원과 PC방은 시장의 한계를 곧바로 계산할 수 있을 정도로 빤히 눈에 보인다는 특징이 있다는 사실만은 분명하다.

완전경쟁은 아름다울까

내 머릿속에 떠오르는 그림이 하나 있다. 속이 빈 원통 모양 실린더가 있다. 그리고 그 안에 기원이나 PC방 주인이 있다. 실린더 안에 갇힌 경영주는 위에서 찍어 내리는 피스톤을 죽을힘을 다해 밀어 올린다. 물리적으로 가능한 최대수입이라는 피스톤이다. 그런데 발밑에서는 또 다른 피스톤이 그를 밀어 올리고 있다. 임대료나 권리금 상승의 압력이다. 이제 그는 위에서 내려오는 피스톤은 두 팔로 힘껏 밀어 올리면서 동시에 치고 올라오는 피스톤을 두 발로 버텨내야 한다. 죽을힘을 다해 버텨보지만 두 피스톤 사이의 공간은 점점 좁아진다. 그리고 그는 마치 압착기에 낀 오징어처럼 납작해져만 간다.

완전경쟁의 이윤은 0이다

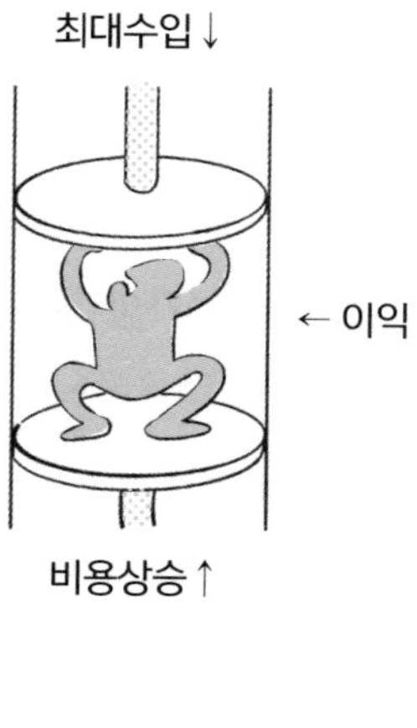

이 이미지는 경제학원론 교과서에서 말하는 "완전경쟁에서는 이윤이 0이다"라는 명제를 형상화한 것이다. 무수히 많은 경쟁자가 같은 제품을 만들어 판매하는 시장에서는 궁극적으로 제품 가격과 평균비용이 같아지는 수준에서 '균형'이 만들어진다. 만약 가격이 조금이라도 평균비용보다 높다면 어디에서건 새로운 경쟁자들이 몰려들 것이므로 가격을 내릴 수밖에 없다. 물론 경제학에서 이윤이 0이라고 말할 때는 비용을 기회비용 개념으로 계산하고 있기 때문에 정말로 손에 남는 것이 한 푼도 없다는 뜻은 아니다.

그 옛날 기원의 주인아저씨는 손님이 바둑을 두러 오면 대국 상대를 찾아 짝을 지어주기도 하고 대국이 시작되면 커피나 요구르트를 가져다주기도 했다. 때로는 본인이 직접 바둑도 두어주기도 하고(기원 주인이 업무상 두는 바둑은 더 이상 오락이나 취미생활이 아니라 '일'이다) 손님들의 담배 심부름마저 도맡아 했다. 영업을 마친 뒤의 청소까지 오롯이 주인아저씨 몫이었다(마찬가지로 PC방의 이익 중 많은 부분이 그 안에서 판매하는 음식 때문에 생긴다). 이렇게 하루 열 시간 넘게 쉴 새 없이 일해야 하므로 주인아저씨의 인건비는 기회비용으로 계산해야 한다. 만약 그가 기원을 경영해 한 달 동안 100만 원을 벌었다 하더라도 실은 자신이 한 노동의 대가를 받은 것이다. 경제학 교과서에서는 주인아저씨가 다른 기원에 고용되어 똑같은 시간 동안 일했을 때 벌 수 있었을 수입을 그의 암묵적 인건비로 계산한다. 만약 그 인건비가 100만 원이라면 그는 100만 원의 이윤을 얻었으되 경제학적으로는 이윤이 0이다. 직접 운영해서 얻은 이익과 같기 때문이다.

기원에 출입하는 소비자 입장에서 보면 이것이 가장 바람직한 상황이다. 이론상 가능한 가장 저렴한 입장료에서 한 푼도 더 내지 않고 기원을 이용할 수 있기 때문이다. 대부분의 경제학자들은 거의 무조건적으로 경쟁이 있는 상태가 경쟁이 없는 상태에 비해 우월하다고 배워왔고 그렇게 믿으며 그렇게 가르친다. 교육이건 의료건 공항이건 철도건, 적어도 이론적으로는 경쟁을 도입하는 것이 항상 유익하다고 주장한다.

그렇다면 그 옛날의 기원 주인아저씨, 또는 이름 모를 수많은 PC방 업주들은 과연 완전경쟁의 조화로운 세계 속에서 살고 있을까?

일단 그들이 버틸 수 있는 이유는 자신의 인건비를 기회비용으로 생각하지 않기 때문이다.

《맨큐의 경제학》은 '경제학자처럼 생각하기'라는 주제로 시작한다. 그러나 사실 대부분의 생활인은 경제학자처럼 생각하지 않는다. 경제학자처럼 생각할 능력이 없어서가 아니라 여유가 없어서라고 해야 맞는 말일 것이다. 기회비용을 계산해서 자신의 인건비를 벌어야 한다는 말은 쉽지만, 실제로 그럴 수 있는 '기회'는 좀처럼 주어지지 않는다. 기원 주인아저씨가 자신의 기원을 폐업하고 다른 사람이 경영하는 기원에 고용되고 싶더라도 그런 기회는 좀체 없다는 뜻이다. 그를 고용해 영업해도 될 만큼 여유가 있는 기원 주인이 많아야 할 텐데, 다른 기원도 그다지 처지가 나을 바 없기 때문이다.

그러니 기회비용을 계산한들 의미가 없는 것이다.

프랜차이즈의 이익은 어디로 흘러갈까

커피 전문점은 나름대로 민주적 공간이라 할 수 있다. 깔끔한 인테리어와 훌륭한 냉난방 시설을 갖춘 곳에서 '물관리' 당하느라 쫓겨날 걱정 없이 청춘남녀와 한 지붕 아래 앉아 있을 수 있는 것만 해도 그렇다. 서양의 커피하우스는 민주주의를 꽃피운 정치 토론의 장이어서 권력자들이 가장 싫어하던 공간이었다. 한국에서는 제국주의 열강의 대립 속에 외국 대사관으로 피신하는 굴욕을 겪은 고종이 양탕국(당시 커피를 이렇게 불렀다고 한다)을 마시기 시작했다는 기록이 있으니, 커피는 서구적 근대성이 한국 땅에서 겪는 아이러니를 상징하는 것인지도 모르겠다.

집 근처에도 직장 근처에도, 반경 1킬로미터 안에 알 만한 유명 프랜차이즈 커피 전문점이 모조리 들어와 있다. 게다가 번듯한 브랜드를 내걸지 못한 동네 커피가게까지 보태면 한국의 저 악명 높은 교회 십자가 숫자마저 가뿐하게 넘어설 만큼 많다.

경제학원론 교과서에서는 완전경쟁을 설명하면서 비현실적이지만 이론적 고찰을 위해 필요하다는 궁색한 변명을 붙인다. 그런데 완전경쟁은 커피 전문점 사이에서 벌어지는 상황 속에서 그 현실적인 형태를 발견할 수 있다. 완전경쟁은 경쟁 논리가 완벽하게 작동함으로써 소비자에게 최대의 이익을 가져다주는 상태라고 정의된다. 그러나 그 소비자 중 다수가 바로 그 경쟁의 참가자라는 사실을 잊어서는 안 된다. 또한 경제학 교과서는 시장이 효율적으로 작동하는 데 완전경쟁이 기여하고 있다며, 완전경쟁 상태를 이상향으로 묘사한다. 하지만 영세 자영업에서 이뤄지는 완전경쟁은 문제를 해결하는 것이 아니라 오히려 문제를 불러일으키는 원인이다.

기원이건 PC방이건 커피 전문점이건 완전경쟁을 아름답고 조화로운 세계라고 말할 수 없는 이유는 경제학 교과서가 설명하는 바와 달리 그들의 등에 빨대를 꽂고 이익을 빨아들이는 누군가가 있기 때문이다. 경제가 성장해 먼저 대기업이나 고소득층이 부유해지고 나면 그 이익이 아래로 넘쳐흘러 전체로 확산된다는 이론이 '흘러내림 효과(Trickle-down)'다. '낙수 효과'로도 잘 알려져 있다. 그런데 실제로는 이러한 기대와는 반대로 이익이 위로 빨아올려지는 현상(Trickle-up)이 발생한다. '분수효과'다.

완전경쟁

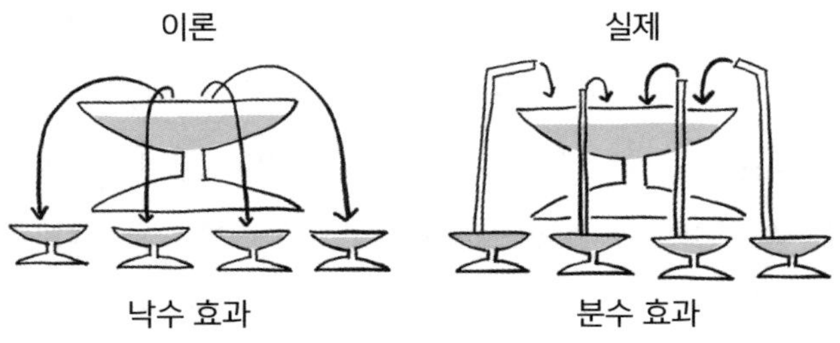

경제민주화가 사회적 의제가 되면서 대기업 프랜차이즈 빵집, 외식 전문점 등으로부터 위협당하는 영세 자영업의 '골목 상권' 보호 문제가 심각하게 논의되기 시작했다. 그러나 이런 논의 중에도 프랜차이즈 지점은 당연히 많은 이익을 얻을 것이라 여긴다는 점에서 한계가 있다. 사실 본사가 직영하는 경우를 제외하면 편의점이나 커피 전문점도 결국 크고 작은 자영업자의 일터이자 생계 수단이다. 서울 강남 테헤란로 같은 곳은 아마도 세계에서 프랜차이즈 커피 전문점 밀도가 가장 높은 지역 중 하나일 것이다. 심지어는 같은 프랜차이즈의 영업장이 길만 건너면 또 있을 정도다. 편의점은 말할 것도 없다. 같은 브랜드의 편의점이 같은 행정구역 안에 몇 개씩 있다. 바로 그 옛날의 기원처럼, 소화불량 상태로 목구멍까지 음식이 들어차듯 포화된 시장이 실제로 눈앞에 펼쳐지고 있다. 지점이 많아질수록 각 지점을 운영하는 경영주들은 완전경쟁에 준한 상태에서 허덕인다.

본사는 사정이 다르다. 아무리 지점이 많이 생겨도 이익을 뽑아갈 수 있는 데까지 뽑아가는 메커니즘이 존재한다. 본사는 업주로부터 이런저런 명목으로 따로 돈을 거둬들이기도 한다. 주기적으로 교체되는 인테리어비용, 공급받는 식자재비용, 특별 할인 행사나 소비자 사은품 구매비용…… 심지어는 계약 기간 만료 전이라면 영업을 못하게 됐을지라도 업주들은 본사에 위약금을 토해낸다. 이러한 비용들은 마치 업주들의 몸에 꽂힌 빨대와도 같다. 본사는 금융

투자를 하듯 포트폴리오 분산투자의 원리에 따라 여기저기 지점을 펼쳐놓는다. 애초부터 동네 노인 부부가 밥 먹다가 나와서 담배 하나 파는 식으로 경영해서는 프랜차이즈 본사에 의해 합리적으로 관리되는 물류 시스템에 맞설 수가 없다.

우산 장수 아들과 나막신 장수 아들을 둔 어머니가 비가 오면 나막신이 안 팔릴까 걱정하고 날이 맑으면 우산이 안 팔릴까 걱정해 하루도 시름에 젖지 않은 날이 없었다는 옛 이야기가 있다. 뒤집어서 보면 비가 오면 우산이 잘 팔릴 것이고 날이 맑으면 나막신이 잘 팔릴 것이므로 가족 전체로 보면 언제나 일정한 수입은 확보되는 훈훈한 이야기이기도 하다. 이것이 바로 포트폴리오 분산투자의 원리다. 그런데 전제가 있다. 아들들의 사업 규모가 꽤 커서 먹고살 염려는 하지 않을 수준은 돼야 한다. 겨우 우산이나 나막신 행상을 하는 정도라면 일정하게 확보되는 수입의 크기는 보잘것없으니 어머니는 시름에 빠질 수밖에 없다.

비유하자면 이렇다. '카페○○'의 본사는 전국적인 사업 규모와 충분한 자본력을 갖추고 있다. 반면 어느 한 지점의 영업주는 퇴직금을 탈탈 털어 넣은 힘없는 중년 가장에 지나지 않는다. 게다가 본사는 중년의 영업주가 얻는 이익을 빨아들이는 다양한 빨대를 갖고 있다. 반면 영업주는 효과적인 저항 수단이라고는 없다. 본사는 위험분산의 원리에 따라 재무관리를 할 능력도 여유도 있는데 지점을 경영하는 업주는 '올인', 즉 위험집중밖에 선택할 여지가 없는 것이다. 그러므로 자영업주의 세계만 따로 떼어놓고 보면 이윤이 0인 완전경쟁의 조화로운 세계지만, 배후의 본사까지 생각해보면 더 이상 아름답고 조화로운 세계가 아니게 된다.

목 좋은 곳은 왜 자영업자의 차지가 아닐까

방학을 맞아 매일이다시피 청계산에 다닌 적이 있다. 경부고속도로를 타고 서울로 올라오다가 톨게이트를 지나 왼쪽으로 가장 먼저 보이는 산이 바로 청계산이다. 한국의 여느 등산로 입구처럼 청계산 주변에는 순두부, 파전, 막걸리 등을 파는 식당들이 줄지어 서 있다. 국립공원을 포함해 전국의 모든 산 입구가 똑같이 먹고 마시고 노래 부르는 곳으로 채워진 모습이 바람직해 보이지는 않는다. 그러나 싫건 좋건 우리들 삶의 정경이니 받아들일 수밖에.

그런데 청계산 입구에 언젠가부터 아웃도어용품 매장이 하나둘씩 자리 잡기 시작했다. 가건물 같던 식당을 허물어낸 자리에 깔끔한 2~3층짜리 건물이 새로 지어지고 옥상에는 커다란 간판이 세워졌다. 날로 번창하는 아웃도어용품시장의 위세를 반영하듯 간판에는 얼굴만 보아도 알 만한 유명 연예인들이 날렵한 몸매로 등산복을 걸치고 지나가는 이들을 바라보고 있다. 그렇게 많은 아웃도어용품 브랜드가 있다는 사실을 알게 된 것도 그즈음이었다. 등산로 입구의 높은 곳부터 하나둘씩 생겨난 상점은 결국 사람들이 가장 많이 지나다니는 큰길을 거의 통째로 점령하다시피 했다. 자연스럽게 순두부나 해장국 따위를 팔던 식당들은 슬금슬금 뒷골목으로 밀려나 버렸다.

한 가지 이해가 가지 않았던 것은 그렇게 많은 아웃도어용품 매장에 막상 손님은 별로 많지 않다는 점이었다. 등산객들로 붐비는 주말이야 사정이 다르지만 평일에는 텅 비어 있다시피 했다. 다시 경제학자답게, 이들이 어떻게 먹고사는지가 궁금했다. 현실에서 먹고살아야 하는 이들이 경제학자보다 먼저 사물의 이치를 깨닫는 법, 어느 날 단골 식당 주인아주머니로부터 비밀을 들었다. 청계산 자락 아웃도어 매장은 거의 대부분 본사가 직접 운영하는 곳이라고 한다. 본사가 땅을 직접 사서 그 자리에 건물을 짓는다. 그러면 허름한 비닐로 덧댄 가건물에서 식당을 하던 상인은 주변의 개발수요 때문에 이미 값이 오를 대로 올라버린 비싼 땅을 살 능력이 없으니 하릴없이 임대료가 조금이라도 싼 뒷골목으로 밀려나는 수밖에 없다.

그렇다면 별로 손님이 들지 않는 아웃도어 매장의 수지타산은 어떻게 맞춰지는 것일까? 이미 말한 것처럼 청계산은 서울로 들어오는 고속도로에서 가장 먼저 보이는 곳이다. 또 강남에 위치하고 있어 구매력이 있는 수요자가 많이 몰려드는 산이기도 하다. 그러므로 아웃도어 본사 입장에서는 개별 매장의 영업 실적 자체보다 자사 용품의 홍보 효과에 더 큰 기대를 건다. 매장이 고속도로에서 눈에 잘 띄는 높은 곳부터 차례대로 위치한 것도 그 때문이다. 더구나 구입한 땅에 건물을 지었으니 임대료를 낼 필요가 없다. 따라서 매장을 유지하느라 정기적으로 지불해야 할 비용도 이웃의 식당보다 상대적으로 적다. 설사 그 매장에서 영업 적자가 난다 하더라도 홍보 효과, 미래 개발수요에 따른 땅값 상승 등을 감안하면 크게 걱정할 필요가 없다. 광고를 통해 브랜드 인지도가 올라가면 굳이 그 매장이 아니더라도 다른 곳에서 영업수익을 올릴 수 있다. 무엇보다도 매장을 내고자 하는 영업주들이 많아질 것이고 그들과 프랜차이즈계약을 맺어 수익을 얻을 것이다. 위험분산의 원리는 여기에도 적용되었다. 하나의 매장에 위험을 집중하는 것이 아니라 브랜드 전체에 걸쳐 위험을 분산시킨 것이다. 위험이 계층에 따라 다르게 배분된다면, 즉 누군가에게는 덜 위험하고 누군가에게는 더 위험하다면 이미 위험을 항상 점검해야 하는 '위험사회' 그 자체가 문제는 아니다. 문제는 위험의 분배가 차별적으로 이루어진다는 점이다.

새삼 아웃도어용품산업의 미래를 걱정하려는 것이 아니다. 이러한 변화로 말미암아 등산로 입구에서 목격할 수 있는 삶의 풍경 자체가 크게 변했음을 말하려는 것이다. 글쎄, 해장국 솥이 끓고 있고 막걸리 냄새가 진동하는 등산로 입구를 어떤 이는 정겨운 삶의 모습이라 할 것이고 어떤 이는 자연마저도 더럽히는 인간의 상혼이라 비판할 수도 있다. 그러니 식당들이 사라지는 것을 좋다 나쁘다 판단하기 쉽지 않다. 어쨌든 식당의 자리를 아웃도어 매장이 대신하면서 적어도 진입로 자체는 깔끔해졌고 마치 영화촬영 세트 같은 분위기를 띠게 되었다. 자연의 풍경이라는 것 자체가 그대로 거기에 존재하는 것이 아니라 인간의 시선에 의해 발견되는 것이라고도 한다. 그러니 어떤 상점이 어떤 분위기로 들어서느냐 하는 것이야 두말할 나위도 없다. 이렇듯 일의 성격이 변화하면서 삶의 풍경조차 함께 변화한다. 그 변화는 어떤 의미에서 우리 눈앞에 익명성의 세계를 펼쳐놓는다.

그 세계는 훨씬 경쟁적이고 자본주의적인 세계다. 그 세계에서 과연 프리랜서는, 자영업자는 자유로워질 수 있을까?

5장

일꾼 생산 시설

핵심 질문:

공부를 잘하면 일도 잘할까?

공부를 잘한다는 게 정말 칭찬일까

앞 장에서 미처 풀어내지 못한 익명성에 대해서는 다시 다루기로 하고, 우선은 교육과 노동에 대해 말하고 싶다.

기억이 맞다면 내가 초등학생이던 시절 교과서에까지 실렸던 일화가 있다. 폴란드 태생 과학자 마리 퀴리가 어렸을 때, 학교에 식민지 모국인 러시아에서 오늘날 장학사와 비슷한 일을 하는 시학관(視學官)이 찾아왔다고 한다. 시학관은 지배당하는 폴란드인으로서는 답하기에 몹시 굴욕적인 질문을 어린 마리아 스쿼도프스카(마리 퀴리의 결혼 전 이름)에게 던진다. 마리아는 어쩔 수 없이 러시아어로 시학관이 원하는 답을 들려주고는 선생님 품에 안겨 울먹였다는 이야기였다. 위인전이 대개 그러하듯 틀림없이 많은 과장과 왜곡이 있었을 것이고, 민족주의적 색채도 덧칠되었을 것이다. 그럼에도 새삼 흥미롭게 다가오는 부분은 마리 퀴리가 시학관 앞에서 대표로 답변할 만큼 지배자의 언어조차 잘 말하는 똑똑한 학생이었다는 사실이다.

특히 대중 교육 단계에서 '지식'을 잘 받아들이려면 이해력과 암기력 같은 보편적인 능력이 분명히 필요하다. 쉽게 말해 공부 잘하는 아이는 그다지 쓸데없는 지식, 때로는 유해한 지식마저 흡수하는 능력이 남달리 뛰어나다는 뜻이다. 유신독재 시절에 늘 1등을 도맡던 우리 반 반장은 불과 열두 살 나이에 그 길고 어렵던(더욱이 몇 년만 지나면 용도 폐기될 운명이었던) 유신헌법 전문 따위를 줄줄 외우고 다녔다. 사실 나 또한 누군가를 가르치는 선생 입장에서 창의력은 뛰어난데 암기력이 부족하다거나, 수리 능력은 뛰어나나 단순 계산에 약하다는 식으로 학생을 평가할 때가 있는데, 대개 '공부 못하는' 학생(더 정확하게는 그 부모)을 위해 만들어낸 궁색한 위로의 말인 경우가 대부분이다.

그런데 도대체 공부를 잘한다, 못한다 할 때 그것은 어떤 '공부'를 가리키는 것일까? 좀 더 파고들면 한 가지 중요한 요인을 찾아낼 수 있다. 신분제가 존재했으며 과거라는 국가시험으로 관료를 선발하는 전통이 있던 중국이나 한국 같은 동아시아 나라에서는 지식 체계가 반드시 완성된 형태로 정리돼 있어야 했다. 그래야 과거 시험으로 등급을 나눠, 각자에 맞는 신분을 보장해줄 수 있었기 때문이다. 한국 사회에서는 아직도 공무원이나 교사가 되려면 객관식이나 단답형 문제, 다시 말해 정답이 정해져 있는 문제로 시험을 치러야 한다. 그리고 그 결과에 승복하는 것이 능력주의의 핵심이다. 그러니 '천재란 무엇인가(철학자 알랭 바디우가 실제로 치렀던 시험의 문제라고 한다)' 따위의 뜬구름 잡는 문제로 대학 입학 여부를 결정하는 프랑스의 철학시험은 한국에서는 용납되기 어렵다. 온갖 시험이 끝나고 나면 곧바로 이의신청과 행정소송이 뒤따르는 것만 봐도 잘 알 수 있다. 모든 문제에 명확한 정답과 명확한 오답이 있지 않으면 참을 수 없는 것이다.

기발하고 창조적인 인문학적, 예술적 상상력이나 기존의 모든 권위를 끝까지 의심해보는 사회과학, 자연과학의 답을 찾는 공부가 아니라 이미 정리된 형태로 제공되는 지식 체계를 빨리 익히고 그 체계가 요구하는 정답을 찾는 공부에 가까울수록, 마리 퀴리처럼 흡수력이 왕성한 두뇌를 갖추는 것 못지않게 얼마나 체제 순응적 특성을 갖추고 있는가도 중요해진다. 체제 순응적이라는 말은 사회 구성원들이 외적으로 강제되는 여러 가지 규칙이나 제한 등을 곧이곧대로 고분고분하게 따른다는 뜻이다.

말 잘 듣는 것도 공부일까

일본에서 베스트셀러를 출간한 교육학자가 있다. 도쿄대학교 법학부 출신이니 적어도 학교 공부 하나는 확실하게 잘한 사람임에 틀림이 없다. 그런데 당연히 예상되는 고급 관료나 하다못해(!) 법학교수의 길을 걷지 않고 교육학교수가 돼 공부 잘하는 법에 관한 책을 썼으니 충분히 상품성이 있어 보인다. 나는 그 책을 읽지는 못했다. 다만 주부 대상 TV 프로그램에 그 교육학자가 출연해 책 내용을 강의하는 장면을 잠깐 본 적이 있다. 그의 주장인즉, 공부를 잘한다는 것은 결국 '지루함을 참는 능력이 뛰어나다'는 의미다. 이때 말하는 '공부'란 당연히 학부모들이 관심을 갖는 수험 공부를 가리키는 것이리라. 물론 남달리 지루함을 잘 참아내는 유전자를 가진 사람이 있을 수도 있다. 그러나 "의식이 존재를 규정하는 것이 아니라 사회적 존재가 의식을 규정한다"라는 마르크스의 유명한 명제가 말해주듯이, 어떤 환경에서 어떻게 학습하며 자라느냐는 사람이 지루함을 참아내는 능력을 기르는 데 커다란 영향을 끼친다.

근대산업사회, 더 정확하게는 자본주의사회가 성립하면서 지루함을 참아내는 능력은 비단 공부하는 학생뿐 아니라 노동자에게 요구되는 덕목 가운데에서도 매우 중요한 자리를 차지하게 되었다. 근대적 공장 체제에서는 수많은 노동자가 한 지붕 밑에 함께 모여 분업과 협력을 해야 한다. 관리자의 지휘와 통제에 따르지 않는다면 많은 사람이 한데 모여 일하더라도 생산성이 올라가지 않는다. 그저 해 뜨면 들에 나가 일하고 힘들면 막걸리 한잔 들이켜고 쉬다가 해지면 집으로 돌아오는, 농사하듯 일해서는 근대적 공장 체제가 제대로 기능할 수 없다(물론 농사일을 비롯한 전근대의 노동이 하고 싶으면 하고 하기 싫으면 마는 식으로 자율적이고 목가적인 생활이었던 것은 결코 아니다).

고전 반열에 오른 영화 〈모던 타임즈〉는 생산 라인에서 일하는 주인공 찰리가 단순 반복적인 직무가 얼마나 힘든지, 그 일을 잃었을 때 얼마나 더 힘들어지는지를 우스꽝스럽게 묘사하고 있다. 그렇다. 비판적인 시각에서 묘사하자면 자본주의 경제란 가진 것 없는 이들을 '위협'하고 그를 통해 '길들이기'를 하는, 두 가지 키워드로 굴러가는 시스템이다.

위협: 일하거나 굶어 죽거나, 두 가지 '자유' 중에서 하나를 선택해야 한다.

길들이기: 만약 굶어 죽지 않기로 작정했다면, 시키는 대로 고분고분 따라야 한다.

학교는 무엇을 가르치는 곳일까

근대적인 대중 교육은 바로 이러한 '길들이기' 측면에서 매우 중요한 역할을 수행하는 제도다. 배고프면 울고, 배설하고 싶을 때 마음대로 배설하고, 갖고 싶은 게 있으면 길가에 주저앉아 투정 부리던 우리의 어린 시절은 유치원과 초등학교에 들어가면서부터 점차 사라진다. 생활에 시간을 맞추는 것이 아니라 시간에 생활 리듬을 맞추는 연습이 시작된다. '50분 수업, 10분 휴식.' 시간관리란 결국 수업 시간에 마음대로 돌아다니거나 떠들어서는 안 되고 화장실은 휴식 시간에만 가야 한다는 식의 행동관리와 결부된다. 그 사회가 어떤 역사적 특성을 지녔는지에 따라 행동관리의 정도는 달라진다. 수업 시간 중이라도 미국의 초등학생은 화장실에 가고 싶으면 (예컨대 필통을 뒤집어놓는 식으로) 간단히 의사표시를 한 뒤 자유롭게 가도 되나 한국에서는 초등학생이 교사의 허가를 받지 않고 화장실에 가면 무례한 행동으로 간주된다.

한편 학교는 읽기-쓰기, 덧셈-뺄셈 같은 사회생활에 필요한 기초 능력을 가르치는 역할도 한다. 교육이 경제학에서 말하는 공공재의 특성(공공재는 여러 사람이 동시에 소비해도 소비량이나 만족이 줄어들지 않는 재화를 가리킨다. 피자 한 판을 둘이 나눠 먹으면 절반밖에 먹을 수 없지만, 경치 좋은 시민 공원에는 꽤 많은 사람이 동시에 들어가도 큰 문제가 되지 않는다)을 띠는 이유도 그 때문이다. 내 주위의 많은 사람이 글을 읽고 쓸 줄 알며 사칙연산을 할 줄 알아야 나도 편해진다. 그러니 우리 일상이 편안하고 예측 가능하려면 대중 교육은 필수다. 마찬가지로 시간관리와 행동관리에는 이른바 '기술의 근대성'을 이루는 기초라는 점에서 '위협'이나 '길들이기'라는 말로 비판할 수만은 없는 긍정적인 측면도 있다.

노동자의 조건

시간관리 + 행동관리 = 기술의 근대성

흔히 한국 현대사에서 산업화와 민주화라는 두 가지 중요한 목표, 가치가 추구됐다고들 말한다. 산업화는 과학기술의 진보, 생산력의 발전, 근대적 계약 등 기술의 근대성을 의미한다. 민주화는 보편적 인간 권리의 신장, 인간에 대한 갖은 억압의 철폐 등 해방의 근대성을 가리킨다.

기술의 근대성에서 중요한 것 중 하나는 시간 약속을 잘 지키는 것이다. 9시에 도착하기로 한 기차는 9시에 도착해야 한다. 기차가 예정 시간보다 더 늦게, 혹은 더 빠르게 도착하는 일이 잦은 사회의 사람들은 계약을 신뢰하기가 어렵다. 사회적 신뢰도가 낮아서 어떤 행위가 계약대로 이루어지리라 믿기 어려운 곳에서는 누구도 목표를 정하고 달성하기 위한 계획을 세울 수 없다. 말하자면 근대적인 주체가 생겨날 만한 공간이 없는 것이다.

많은 경우 군부독재로 변해버리거나 실패로 돌아가기도 했지만, 한국을 비롯한 제2차 세계대전 이후 여러 신생독립국에서 근대화를 주도하려 한 대표적인 세력이 군인이다. 군대는 철저한 시간관리와 동작관리로 운영된다. 훈련소에 들어간 신병의 하루하루는 엄격하게, 많은 경우 무리할 정도로 짜인 시간-동작의 틀 속에 자신을 끼워 맞추는 작업의 연속이다. 나는 5·16 쿠데타가 '청년 엘리트 장교'들에 의한 근대화 시도라는 서구 학자의 평가를 처음 읽었을 때 정서적으로 받아들이기가 몹시 힘들었다. 도대체 자유주의의 기본 가치를 모르는 무뢰한들이 어떻게 '엘리트'일 수 있단 말인가. 그러나

1960년대 초반 한국의 상황을 감안한다면, 군인들만큼 (비록 해방의 근대성에는 무지하였으되) 기술의 근대성에 익숙한 계층도 없었을 듯하다.

시험은 왜 객관식으로 치를까

앞서 이야기했듯이 공장이나 회사의 규격화한 노동에 잘 적응할 수 있는 능력이야말로 자본주의사회의 노동자가 갖추어야 할 가장 중요한 덕목이며 학교 교육으로 기를 수 있으리라 기대하는 미덕이다. 이것이 바로 노동자를 '훈육(Discipline)'하는 것, 즉 길들이는 것이다. 징병제가 실시되는 한국 사회에서 군대가 이러한 능력을 극단적인 형태로 양성하는 곳임은 말할 나위도 없다. 속된 말로 '까라면 까'다. 생각하고 판단하는 기능을 윗선에 맡겨버린 채 자신은 정해진 대로 움직이고 행동하는, 이른바 '구상과 실행의 분리'가 이루어졌다.

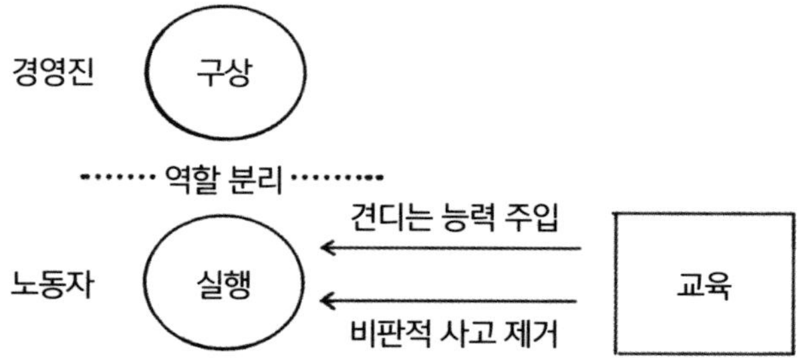

비판적 사고를 키우기 힘든 주입식 교육, 객관식 문제로 줄을 세우는 교육, 적성이나 흥미에 상관없이 전투 능력을 키워야 하는 군대, 이 모든 것은 하나의 거대한 시스템이 돼 지루함을 잘 참을 수 있도록 인간을 길들인다. 즉, 노동력을 양성하는 중요한 텃밭이다. 더욱이 교육은 그 사회를 지배하는 신념 체계를 받아들이도록 하는 이데올로기적 기능도 함께 수행한다. 이것이 마르크스주의 철학자 루이 알튀세르가 말하는 '이데올로기적 국가 장치'로서의 역할이다. 잘 길들여진, 혹은 길들이기 쉬운 노동력을 생산하는 것, 그것이야말로 지배계급이 사회를 자기 입맛에 맞도록 유지하려면 꼭 갖추어야 할 조건이다.

어떤 사람이 지루함을 견딜 수 있는 능력을 얼마나 갖추었는지를 짧은 시간 안에 평가하기란 그다지 쉬운 일이 아니다. 그러나 획일화한 지표가 있다면 다소 부정확하더라도, 경제학적으로 말해 커다란 비용을 들이지 않고도 평가할 수 있다. 예를 들어 정철의 〈관동별곡〉을 읽었다고 하자. 권력에서 밀려났다 다시 등용된 관료의 감상과 소회를 자유롭게 이야기해보는 것이 아니라 "갈래는 기행가사, 성격은 묘사적이고 풍류적, 사상은 유교와 도교……(실제로 고등학교 국어 과목 참고서에 나와 있는 내용이다)" 따위를 외워 시험을 치르도록 만든다면 지루함을 견디는 학생의 능력을 훨씬 더 쉽고 간단하게 측정할 수 있다. 더구나 〈국기에 대한 맹세〉를 정확하게 외워 공식 행사 때마다 암송케 하는 것은 지루함을 견디는 능력을 측정하는 동시에 일체의 비판적 사고를 제거하는 이데올로기적 기능도 훌륭하게 수행했다. 〈황국신민서사〉, 〈혁명공약〉, 〈국민교육헌장〉…… 비슷한 예는 얼마든지 있다. 유신헌법 전문을 빠른 시간 안에 줄줄 외우는 학생은 지루함을 잘 견디는 능력을 갖춘 동시에 이데올로기적으로 통제하기 쉬운 존재라는 증명이다.

수십만 명이 한날한시에 모여 치르는 대학수학능력시험의 점수는 철저하게 서열화한 대학에 진학하는 근거가 된다. 이른바 명문 대학에 진학하려면 수능에서 제2외국어시험을 쳐야 하고 그 결과 전국의 수많은 고등학생들이 학교에서는 가르치지도 않는 아랍어나 베트남어를 선택해 시험을 치른다. 오직 높은 등급을 받기가 상대적으로 쉽다는 이유다. 심지어는 외국어 고등학교에서 프랑스어나 독일어를 전공하는 우등생조차 예외가 아니다. 그렇게 시험을 쳐서 명문 대학에 진학한 학생 대부분은 해당 외국어를 다시 구경할 기회도 없을 것이다. 이것은 원리적으로 군사정권하에서 〈국민교육헌장〉을 외우는 것이나 별반 다를 바가 없다. 영어를 사용할 일이 거의 없는 직장에서조차 신입사원을 뽑을 때 토익 점수를 선발 기준으로 삼는다. 이는 모두 지루함을 견디는 능력이 있고 통제하기 쉬운 사람을 뽑으려는 것이다. 영어 능력 자체가 중요한 것이 아니라 토익이라는 정형화한 형태의 시험을 준비하는 지겨운 과정을 효과적으로 견뎌낸 사람을 선발함으로써 노동력을 길들이는 데 드는 비용을 절약할 수 있다. 만약 대부분의 지원자들이 그 지겨움을 잘 견뎌 토익 점수가 변별력을 잃게 된다면? 다시 새로운 기준이 고안될 것이다. 결국 노동력이 만들어지는 첫 과정, 그것은 바로 지루함을 견딜 수 있는 능력을 키우는 것이다.

교육과 이데올로기는 어떤 관계일까

물론 제약이 따르기는 하지만, 싱가포르에서 마침내 오럴 섹스가 합법화되었다는 기사를 읽은 적이 있다(〈가디언〉 2007년 10월 24일자). 과연 그 법률에 실효성이 얼마나 있었을까? 경찰이 침실에 들어와 불심검문을 하겠다는 뜻은 아닐 것이다. 그러나 오럴 섹스 단속을 이메일이나 메신저 내용을 감시하는 것으로 바꿔본다면 한결 이해하기 쉽다. 특정 인물과, 혹은 특정 내용으로 연락하는 개인적 행위를 불법으로 처벌한다면? 사람들이 어떤 행위에 대해 도덕적·법적 죄책감을 느끼고 스스로 꺼리게 될 때, 그 행위에 대한 규제는 비로소 실정법을 넘어 이데올로기로서 완성된다. 한국의 국가보안법에서 말하는 불고지죄가 비슷한 특성이다. 반국가단체(물론 주로 북한을 가리키는 개념이다)를 위해 어떤 일을 하는 가족이나 친구를 나만 알고 있다. 그 사람을 신고할 것인가 말 것인가. 불고지죄로 처벌받는다는 두려움이 개인적 죄책감으로 연결될 때, '국가안보의 수호자'라는 거부하기 어려운 거창한 이름으로 불릴 때, 그리하여 자기검열이 일상화될 때 이데올로기로서의 국가보안법은 완성된다.

이데올로기가 거창한 정치적 이념이나 철학적 신념만 가리키는 것은 아니다. 사람들이 어떤 사실이나 현상 등에 대해 가지고 있는 생각의 체계를 모두 이데올로기라고 부를 수 있다. '여성은 담배를 피우면 안 된다', '중고생은 머리에 물을 들여서는 안 된다' 같은 생각도 어엿한 이데올로기다. 이데올로기는 법이나 제도 등 명시적인 형식을 갖출 수도 있다. 그러나 명시적인 형식을 갖추더라도 실질적으로 영향력이 있다는 보장은 없다. 법은 법이고 현실은 현실이어서 둘이 따로 노는 경우도 얼마든지 있기 때문이다. 이데올로기가 최고 수준으로 성립하는 것은 명시적인 형식을 갖추었을 때가 아니라 사람들이 그것을 불변의 진리로 받아들여 마음속에 내면화했을 때다.

일본인들은 어떤 기술이나 지식을 익히는 것을 '몸에 붙인다'라는 관용구로 표현한다. 누가 시키거나 법률로 강제하지 않아도 스스로 몸에 붙일 정도가 된 것은 바로 사람들의 행동 습속에 반영된다. 심지어 사회가 변해가며 법과 제도가 바뀌어도 몸에 익은 습속은 오랫동안 유지된다. 거꾸로 실질적인 영향력을 끼치는 습속이라면 법적·제도적 형식으로 규제하려는 시도는 무의미하다.

이데올로기가 집단적 믿음과 그에 따른 집단행동의 지침이 될 때 얼마나 비극적인 결과를 가져오는가는 인류 역사의 수많은 예로써 확인된다. 반유태주의 또는 게르만민족우월주의는 히틀러의 파시

즘과 그에 따른 홀로코스트를 가져왔다. 한반도 남쪽에서 맹목적인 반공주의가 애꿎은 이들을 죽음으로 몰아넣었을 뿐만 아니라 사회 전체의 이성적 사고를 마비시키는 결과를 낳았다. 그런데 지나고 나서 생각해보면, 도무지 이해할 수 없는 미치광이 냉혈한의 권력자라도 오직 총칼의 힘만으로 권력을 잡고 유지한 것은 아니다.

영화 〈레 미제라블〉의 바리케이드 장면에서 민중들은 '반란자들'이 사살당하는 것을 숨죽인 채 지켜본다. 그 민중이 겁에 질려 침묵했든 아니든 그 행동은 사후적으로 '동의'로 해석된다. 왕을 교수대로 보내는 피의 시민혁명을 일으켰던 바로 그 프랑스에서 루이 나폴레옹은 대중의 지지를 바탕으로 대통령 선거에서 승리함으로써 권력을 잡았다. 그러고는 곧 스스로 황제 자리에 올랐다. 히틀러 또한 선거를 통해 권력을 잡았다. '대중 독재'라는 이론이 주장하듯이, 사악한 권력도 그것을 유지하려면 대중의 동의라는 실질적인 기반을 얻어야 한다. 이런 일이 벌어지는 이유가 단지 대중이 어리석기 때문일까? 그렇다면 소수의 지식인이나 헌신적 열정을 가진 혁명가가 대중을 '의식화'함으로써 해결할 수 있는 문제일까? 그렇지 않다는 것 또한 역사 속에서 되풀이된 수많은 사례로 입증된 바 있다. 결국 시스템으로서 성립한 권력, 그 기초에는 사람들이 '몸에 붙이고 있는' 신념 체계가 있는 것이다. 교육은 그 '몸에 붙이는' 연습을 시킨다. 우리는 그렇게 사회적, 정치적, 경제적 이데올로기를 체득하게 되고 그에 따라 행동하게 된다.

기업은 왜 대학을 지원할까

취업이 어려워질수록 대학에 입학하는 학생은 무엇을 공부할지보다 졸업한 뒤에 얼마나 쉽게 일자리를 얻을 수 있을지를 더 중요하게 여긴다. 이를테면 인문학이나 순수 자연과학에서 경영학이나 공학 같은 실무적인 성격이 강한 분야로 점점 학생 수가 집중되는 현상은 노동시장의 변화와 밀접한 관련이 있다. 대학 교육이 지금과는 비교할 수 없을 정도로 '엘리트 교육'의 지위를 누리던 과거에는 이른바 '실용적이지 못한 학문'을 가르치고 배우는 학과에도 많은 학생이 들어가고 싶어 했다. 예를 들어 1960년대에는 순수 인문학을 공부했건 회계학을 공부했건, 대학을 졸업했다는 사실만으로도 이미 꽤 높은 수준의 학벌자본을 획득했다. 더구나 대학 졸업자가 취업할 수 있는 '좋은' 일자리도 많지는 않았다. 약간 모순적이지만 '인텔리 백수'가 되더라도 선택권은 있으니 상대적으로는 그다지 잃은 게 없다는 뜻이다. 그러나 지금은 좋은 일자리와 그렇지 못한 일자리의 격차가 매우 크다. 더욱이 대학 졸업자가 충분히 많다. 말하자면 노동시장에서 공급이 과잉된 상태다. 그렇기 때문에 같은 대학 졸업자 중에서도 '성능'이 뛰어난 노동력을 고르려는 수요자의 의도가 우위에 서게 된다.

기업은 단지 자신이 필요로 하는 지식이나 숙련을 교과 과정에 반영하는 데만 머물지 않는다. 학생 단계부터 이데올로기적으로 영향을 미치려 한다. 사실 아무리 모든 시대에 공통적으로 필요한 지식을 가르치는 교육이라 하더라도 어느 정도는 이데올로기적 역할을 수행할 수밖에 없다. 이를테면 똑같은 한자를 배우더라도 오늘날 아이들과는 달리 조선 시대 아이들은 유교적 세계관이 철저하게 반영된 교재로 한자를 배웠다. 똑같은 영어를 배우더라도 성경을 읽으면서 공부하는 것과 《공산당선언》을 읽으면서 공부하는 것은 이데올로기적 효과가 다를 수밖에 없다.

경제 지식도 마찬가지다. 기업 경영자 관점에서 배우느냐, 금융투자자 입장에서 배우느냐, 소비자 입장에서 배우느냐에 따라 서로 다른 이데올로기적 효과를 낳도록 만들 수 있다. 예를 들어 전통적으로 국가가 담당해왔던 학력이나 지식의 평가와 인증이라는 기능을 기업이나 그 영향권 아래에 놓여 있는 기업가 단체, 또 그 산하 연구기관이나 경제신문 등에서 맡는다면 경제학원론 교과서도 매우 다른 정치적 성향으로 편성할 수 있다.

교육은 왜 경쟁을 강화할까

'생각이 몸에 붙는다'는 말은 경쟁의 논리가 내면화되는 과정에도 똑같이 적용된다. 사실 우리 인간은 출생 과정부터 치열한 생물학적 경쟁을 겪는다. 우스개로 말하지 않는가. 우리는 1억 대 1의 경쟁을 뚫고 이 세상에 태어났다고. 생물학적 경쟁에 덧붙여 특히 능력주의의 원리가 받아들여지는 근대사회로 와서는 사회적 경쟁 또한 치열해졌다. 유전자나 신분이 아니라 내가 얼마나 많은 능력을 가지고 있는가를 보여주어야만 사회 안에서 더 높은 지위를 얻을 수 있기 때문이다.

어떤 의미에서는 실제로 나에게 얼마나 큰 능력이 있는가보다 내가 그만한 능력을 갖추었다고 사람들이 믿도록 만드는 것이 더 중요하다. '성공한 사람은 무엇이건 그에 합당한 능력을 갖추고 있다.' 많은 사람, 특히 성공하지 못한 사람들이 그렇게 믿는 것 또한 이데올로기의 좋은 예다. 어쨌거나 지위가 한정돼 있다면 그 자리를 먼저 차지하고자 사람들끼리 경쟁하는, 이른바 '의자놀이(Musical chair)'에 몸을 맡길 수밖에 없다. 게임 참가자보다 숫자가 적은 의자를 가운데에 놓고 노래가 나오는 동안 빙글빙글 돌다가 노래가 멈추면 재빨리 의자 하나를 차지해야 한다. 행동이 굼뜬 사람은 의자를 잡지 못하고 탈락한다. 한 라운드가 끝나면 사람도 줄어들지만 의자 수도 그만큼 줄어든다. 결국 최후의 한 사람이 남을 때까지 게임은 계속된다.

게임은 게임이다. 그러나 사람들이 서로 부대끼면서 살아가는 실제 사회에서 이런 일이 끝없이 반복되면, 어느 순간에는 도대체 왜 이런 게임을 계속해야 하는지 의문을 품을 법도 하다. 게임을 하던 아이도 시들해지면 그만두듯이, 의문을 갖는 사람이 점점 많아지고 그 의문의 강도가 강해지면 결국 사회적 게임도 중단되거나 최소한 게임의 룰이 바뀌어야 할 것이다.

그러나 아이들 놀이야 언제든 그만두고 다른 놀이로 옮겨가더라도 별문제가 없지만, 사회적 게임이라면 얘기가 달라진다. 사회를 그러한 게임으로 운영하면서 엄청난 기득권을 얻은 누군가가 반드시 존재하기 때문이다. 그는 게임의 룰을 급격하게 바꾸거나 폐지하는 데 반대할 것이다. 더욱이 기득권을 가지고 있다는 사실 자체가 게임의 룰을 결정하고, 나아가 게임을 할지 말지 결정하는 데에 훨씬 더 큰 영향력을 행사하고 있음을 의미한다. 기득권이 없는 이들이 개인적으로나 사회적으로 크게 부대끼지 않으면서 적당히 문제를 해소할 수 있는 가장 좋은 방법은 불가피한 게임의 룰을 받아들여 재빨리 적응하는 것이다. 이솝우화 〈신포도〉에 나오는 여우가 손이 닿지 않는 높은 곳에 열린 포도가 먹고 싶지만 아무리 애를 써도 얻지 못할 것 같자 그 포도가 너무 시기 때문에 안 먹는 거라고 생각하기로 한 것처럼…….

그러므로 경쟁이 최고점에 이르는 때는 바로 주체들이 경쟁 이데올로기를 내면화하는 순간이다. 마르크스주의자들은 자본가가 노동자를 착취한다고 얘기하지만, 사실 더 강력한 착취는 노동자처럼 착취당하는 이가 스스로 내면화한 규율로 자기 자신의 착취를 가속할 때 발생한다. 당연히 노동력을 고르는 수요자에게는 큰 이득이다. 기업이 자신들의 이익을 위해 교육에 자본을 투자하는 것은 당연한 섭리일지도 모른다.

학벌은 자본이 될 수 있을까

1960~1970년대에 서민들이 자식을 대학에 진학시키기란 경제적으로 매우 힘든 일이었다. 소 팔아서 대학 보낸다는 의미인 '우골탑(牛骨塔, 흔히 대학을 '상아탑'이라 부르던 것을 비튼 표현이다)'이라는 유행어가 결코 지나친 말이 아니었다. 그러나 그것은 한편으로 삶의 보람이자 꿈이기도 했다. 대학 진학률이 10퍼센트에도 미치지 못하던 시절에 비록 나는 못 배우고 험한 일을 하더라도 내 자식(주로 아들이었다)이 대학생이 된다는 것은 수직적 계층 상승의 사다리에 한 발 올려놓았다는 중요한 의미가 있는 사건이었다. 지극히 현실적으로는 보자면 사회보장제도가 전혀 갖추어지지 않은 나라에서 '대학생 자식'은 노후를 담당해줄 사보험과도 같았다. 부모는 말할 것도 없고 때로는 누나나 여동생, 남자 형제까지 '집안의 기둥'인 아들을 대학에 보내려고 뒷바라지했다. 그렇게 대학을 졸업한 아들이 좋은 직장에 취업해 사회적으로 지위가 올라가고 경제적으로는 나머지 가족을 부양하는 것이다. 급속한 경제성장과 늘어나는 일자리라는 사회적 조건이 뒷받침해주는 한, 이는 능력주의에 기초한 신분 상승의 전형적인 통로였다.

학력 인플레이션은 대학을 어떻게 바꿨을까

'인적자본'이라는 개념의 허구성을 지적하는 학자들이 흔히 드는 논거는 그것을 사고팔 수 있는 시장이 존재하지 않는다는 것이다. 그러나 인적자본 그 자체를 사고팔 수는 없을지라도 그것을 형성하는 데 중요한 조건은 거래할 수 있다.

프랑스 사회학자 피에르 부르디외는 '문화자본(Culture capital)'이라는 개념을 제기했다. 문화자본이란 쉽게 말해 한 사회의 문화적 수준을 상징하는 여러 가지 대상에 접근할 수 있는 수단을 얼마나 가지고 있는가를 나타내는 개념이다. 예를 들어 초등학교에서 박물관에 다녀오라는 여름방학 과제를 내주었다고 해보자. 어떤 아이는 숙제도 할 겸 여름방학 동안 루브르박물관에 직접 가서 찍은 사진을 제출할 수 있을 것이다. 반면 어떤 아이는 박물관이라고는 찾아볼 수 없는 환경에 살고 있어 숙제를 하는 것 자체가 곤란할 수도 있다. 일반적으로 돈이 많은 가정에서 태어난 아이들은 문화자본도 많이 가지고 있을 가능성이 크지만 반드시 그렇지는 않다. 다행스럽게 부잣집에 태어나 루브르박물관을 다녀왔더라도 모나리자 앞에서 사진 한 장 찍는 게 전부인 경우보다 르네상스 회화의 미술사적 의미를 설명 듣고 이해할 수 있는 환경을 갖춘 경우가 문화자본이 훨씬 더 많은 것이다.

그래도 문화자본이 '자본'인 까닭은 많은 경우 돈으로 살 수 있었기 때문이다. 신분제사회에서 가정교사가 수행한 역할이 문화자본을 돈으로 갖춰주는 것이었다. 대학 진학이 바로 그러한 문화자본 중 하나라 할 수 있다. 그런데 이제 사실상 고등학교 졸업자 전원이 대학에 진학할 수 있는 시대다. 대학은 이미 대중 교육이 된 것이다. 그러므로 학벌 체계 또는 문화자본의 관점에서 대학 졸업자라는 그 사실 자체만으로는 1960~1970년대 고등학교 졸업자만 한 상대적 지위도 누리기 어렵다. 그 때문에 나타나는 현상 중 하나는 고교 졸업 학력만 있어도 충분히 감당할 수 있으리라 여겨지는 일자리에 대학 졸업자들이 대거 모여드는 것이다.

또 하나 중요한 현상은 대중 교육으로서의 대학 교육이 칸트나 마르크스를 읽고 비판적이고 창의적으로 사고하도록 만드는 기능보다 노동자를 양성하는 기능을 점점 더 중시하고 있다는 것이다. 애초에 기능 인력 양성이 목표인 직업계 고등학교에서 영어나 수학보다 현장에서 바로 사용할 수 있는 기술을 중시하듯, 자동차 운전학원에서 자동차의 역사나 철학적 의미에 아무런 관심을 보이지 않듯, 학생들이 졸업한 뒤 노동시장에서 일자리를 얻을 수 있느냐 없느냐에 대학이 목숨을 건다.

대학의 목표는 결국 취업일까

《유럽 대학의 역사》라는 책에서 볼프강 베버는 가까운 장래에 대학은 교육기업으로 바뀔 것이며, 대학(University)이라는 명칭조차 경제적인 매력이 있는 동안에만 존속할 것이라 예측했다.

모든 사물에 양면성이 있듯 대학이 사회로부터 일종의 신성불가

침적인 자율성을 인정받게 된 이유에 중세 길드제도의 잔재가 있는 것은 사실이다. 요컨대 교수로 이루어진 동업자조합의 권리를 보장하는 면이 있는 것이다. 그러나 교수도 전임교수, 초빙교수, 산학협력교수 등 다양한 정규직과 비정규직 트랙으로 구성돼 있는 현실에서 그와 같은 측면은 점점 힘을 잃고 있다.

대학은 점점 더 자본의 논리에 포섭되고 기업은 노동력을 양성하는 기능 중 상당 부분을 대학에 위탁하거나 떠넘긴다. 이미 오래전 재벌 그룹이 인수한 중앙대학교는 모든 신입생이 수강해야 하는 공통 교양과목으로 회계학을 편성해 화제가 되기도 했다.

> 기업인들에게 '중앙대 애들 뽑아놓으니 숫자는 좀 알더라', 이런 평가를 받는 게 내 목표다.

기업가 출신인 중앙대 이사장이 한 말이다. 그러고는 이렇게 덧붙였다고 한다.

"예술을 하는 학생들도 대차대조표는 볼 수 있어야 한다."

당연히 인문사회과학 전공교수들과 지식인들로부터 비판이 쏟아졌다. 그러나 서글프면서도 냉혹한 현실은 학생들, 나아가 한국에서 학생의 대학 선택에 지대한 영향력을 끼치는 학부모들이 대부분 이러한 변화를 긍정적으로 평가했다는 사실이다. 긍정적인 평가의 근거는 무엇일까? 다시 한번 냉혹하게도 이러한 변화 이후 입시 경쟁률이나 흔히 말하는 '입결(입시 결과)'이나 '인풋(입학생들의 평균 성적)'이 좋아졌다는 것이다.

가장 극단적인 형태는 이른바 기업 맞춤형 계약학과 운영이다. '성균관대학교 반도체시스템공학과' 같은 식으로 회사 이름만 붙지 않았을 뿐 이미 우리나라에도 특정 기업이 요구하는 지식과 기술을 갖춘 노동자를 양성하는 학과가 생겨났다. 오래전 네이버 지식인에서 해당 학과를 검색해보면 대학생으로 보이는 어느 네티즌이 '이 학과를 나오면 100퍼센트 삼성반도체에 취업되고 보너스까지 1년에 7000만 원을 번다며 사귀자는 사람이 있는데 이게 정말이냐'며 올린 질문이 떴다(이미 10여 년 전의 검색이므로 연봉 숫자는 20~30퍼센트 이상 커졌을 것이다).

인터넷에 올라오는 글이 지닌 속성상 진위를 판단할 수는 없다. 하지만 어쩌면 상당수 학생이 이 학과를 선택하는 현실적 동기를 적나라하게 보여주는 사연일 것이다. 재미있는 것은 검색창 바로 아래 항목에 뜬 중학교 3학년 학생의 질문이다. 이번에는 '반도체회사에 취업하면 백혈병에 걸릴 수도 있다는데 그 학과에 가도 되냐'는 질문이었다.

이러한 검색 결과는 오늘의 대학이 직면한 현실을 축약해서 보여준다. 반도체 공장과 백혈병의 상관관계, 그 노동 현장의 사회적 의미에 관한 질문은 100퍼센트 취업과 연봉 몇천만 원이라는 답변 앞에서 무력해지고 만다.

비판적 사회과학의 대표적 분야인 사회학, 그것도 한국에서 가장 좋은 대학이라는 서울대학교 사회학과에서 바로 그 반도체기업 CEO 출신을 겸임교수로 임용하려다가 학생들의 반대로 무산된 일이 있었다. 학과 발전기금이 적어서 교수들이 생각해낸 고육지책이라는 속사정을 알리는 후속 보도가 나오기도 했다. 이 보도가 진실의 일면이라도 담고 있다면, 이야말로 돈이 대학에서 행사하고 있는 힘이 어느 정도인지 잘 보여주는 사례다. 나는 이미 교수들을 설득한 돈의 위력이 머지않아 어린 학생까지 설득하는 그날이 오리라고 서글프게 예측한다.

아마 세월이 더 지나면 아예 기업의 이름을 따다 붙인 학과나 대학이 등장할지도 모른다. 물론 한국에서는 교육기관 명칭에 설립자나 특정인의 이름을 통째로 붙이는 경우는 드물다. 그렇지만 기업의 명칭이나 창업주의 아호 등을 딴 재단이나 미술관 등은 이미 꽤 많은데다 전문대학에는 실제로 그와 같은 명칭이 시도된 적이 있는 걸 보면 이러한 상상은 충분히 현실적이다.

자본이 교육 방향을 바꾸고 있을까

수업이 끝나자 앳된 표정의 학생이 머뭇거리며 말을 걸어온다. 외부 특강으로 진행되는 경영학 과목을 수강하고 있는데, 매번 되풀이해서 '노동조합은 없어져야 한다' 따위의 얘기만 듣다 보니 '멘

붕'이 오는데 어떻게 하면 좋겠느냐고 물어본다. 별로 내세울 업적도 없는 교수지만, 예나 지금이나 내 원칙은 간단하다. 적어도 대학 캠퍼스 안에서는 반인륜적 내용만 아니라면 누구나 어떤 생각이라도 자유롭게 말하고 토론할 수 있어야 한다는 것. 받아들이기 힘든 내용이라 하더라도 열심히 잘 들어보되, 다만 그 주장의 내재적 논리에 문제가 있는지 아닌지 스스로 생각해서 판단해보라고 조언했다. 뒤돌아서기 전 마음속에 짚이는 바가 있어 확인해본다. 역시 재벌 그룹이 돈줄인 자유기업원이라는 기관에서 자유 공모 형식으로 운영하는 대학 강의 중 하나였다.

최근에야 어느 신문에서 비판적 보도를 낸 바 있지만, 내 기억으로는 적어도 10여 년 전부터 전국 대학의 경제, 경영 계열 교수에게 '자유시장경제의 창달'을 목적으로 꾸준히 강의 개설을 권고해왔었다. 대충 구조는 이런 것이다. 내가 해당 기관에 신청해 선정되면, 이미 대학에 개설돼 있는 교과목, 이를테면 경제학개론 강의를 운영하는 대가로 일정한 금액의 돈을 받는다. 한 학기 강의는 15주 정도로 구성되는데, 그중 일정 비율(아마도 절반 정도일 것이다)은 자유기업원이 추천하는 강사가 강의한다. 물론 나머지 절반은 내가 초빙하는 다른 강사를 쓸 수도 있는 모양이다. 사실 이 강좌가 처음 이루어지던 초기에 같은 대학의 교수님으로부터 그중 한 시간을 맡아달라는 부탁을 받은 적이 있는데, 학교 안에서, 그것도 정규 수업시간에 하는 강의치고는 강사료가 꽤 많아서 놀랐던 기억이 있다.

실적주의에 목마른 대학은 이것도 업적이라고 환영하는 분위기까지 있는 듯하다. 서울대학교 공과대학에서 문제가 된 것처럼, 이 강의는 다른 전공 분야로까지 확대된 모양이다. 문제는 그 강의에 오는 단골 강사의 성향이 평균적인 경제학자의 수준에 비추어 보더라도 지나치게 보수적이며 친기업적이라는 것이다.

다시 한번 강조하거니와, 학자로서의 내 원칙은 친기업이건 친삼성이건 간에 논리적 정합성을 갖추었다면 대학에서 얼마든지 자유롭게 가르치도록 허용되어야 한다는 것이다. 그러나 돈이 개입될 때는 문제가 달라진다. 이런 종류의 강좌가 왜 문제인가는 정확하게 상황을 반대로 뒤집어놓고, 그에 대해 해당 기관이나 인사들이 어떻게 반응할지를 상상해보면 분명해진다.

자, 민주노총이나 진보정당(사실 자유기업원은 이념에 상관없이 제대로 된 경제학자라면 정상적인 연구기관으로는 보지 않기 때문에, 공평한 비교를 위해서는 극좌정당이라 해야 옳을 것이다)의 연구기관에서 전국의 대학교수를 상대로 돈을 지급하면서 대학 강좌를 개설하도록 한다. 단, 해당 강좌의 50퍼센트 이상은 그들이 추천하는 강사들이 와서 재벌 세습 경영의 문제점, 파업 투쟁의 전략과 전술 등속을 강의한다. 그리고 강사의 면면이 시대착오적인 극좌적 발언으로 구설에 오른 이, 외국 책을 제멋대로 편집·번역하고 좌파적 관점으로 각색한 엉터리 해설까지 달았다가 원저자의 항의를 받고 판매를 중지당한 이 등이라면(실제로 2015년도 노벨 경제학상 수상자인 앵거스 디턴의 저서 《위대한 탈출》을 번역하는 과정에서 일어난 일은 정확하게 그 반대의 상황이었다. 부제인 '건강, 부, 그리고 불평등의 기원Health, Wealth, and the Origins of Inequality'이 '불평등은 어떻게 경제성장을 촉발시키나'라는 엉뚱한 문장으로 바뀐 것부터가 정치적 논란거리다. 책 내용과 무관하게 불평등해야 경제성장이 가능하다는 뉘앙스를 담고 있기 때문이다)?

오늘날 한국의 대학생은 너나없이 끝없는 스펙 경쟁에 내몰리고 있다. 취업에 도움이 되는 것이라면 뭐든 마다할 여유가 없는 이들에게 또 하나의 아이템이 추가됐다. 경제 지식을 객관식으로(!) 테스트해 등급까지 매겨준다는 이른바 '경제이해력검증시험(비즈니스 사고력 테스트)'이다. 양대 경제신문사가 경쟁적으로 실시하는 이 시험은 어느덧 대합 입학에 필요한 생활기록부 스펙을 쌓으려는 고등학생까지도 준비하는 시험이 돼버렸다. 그런데 기출문제를 대충 훑어보기만 해도 이 시험의 성격이 금방 드러난다. 시장 논리만 일방적으로 강조하는 것이야 대다수 경제학자도 그 모양이니 그렇다 치더라도 노동자 권익을 부정적으로 바라보고 재벌의 가족 경영을 합리화하는 부분에 이르면 한마디로 치졸하기 짝이 없다. 마치 대통령을 간접선거로 뽑는 것이 '한국적 민주주의'라던 1970년대 독재정권 시절 교과서만큼이나 궤변이다. 어차피 재벌의 돈줄로 운영되는 경제신문사가 주관하는 시험이니 그 치졸함이야 그저 웃어 넘겨버릴 수도 있다. 그러나 심각한 것은 재벌기업이나 경영자의 특수이익을 보편 이익인 양 교육하고 객관식 시험을 통해 줄 세운다는 점, 다시 말해 전형적인 한국적 서열 경쟁 방식과 일방적으로 왜곡된 시장 논리가 기묘하게 혼합된 오늘의 현실이 이 시험에 그대로 반영되어 있다는 점이다.

교육의 불합리함을 지적할 수 있을까

그렇다면 비판적 지성을 포기하도록 강요받는 대학의 한 귀퉁이에서 밥벌이하는 내가 대부분 노동자나 자영업자가 될 수밖에 없을 학생들에게 무엇이라 가르쳐야 할까? 일단 재벌의 언어라도 열심히 공부해서 좋은 점수를 얻어야 그들의 세계에 한 발이라도 걸칠 수 있을 것이라고 말해주어야 할까? 그냥 적당히 운전면허시험 치듯 통과점으로 여기고 한 가지 스펙이라도 더 쌓으라고 말해주어야 할까? 아니면 무의미해진 대학을 자퇴하면서 대자보를 써 붙인 어느 대학생처럼 온몸으로 저항하라고 권해야 할까?

별다른 저항 없이 시장경제 중심의 프로그램이 진행될 수 있는 까닭은 '시장경제 창달'이라는 말을 그저 모든 사람의 경제가 다 좋아진다는 것쯤으로 별다른 문제의식 없이 받아들이는 경향 때문이기도 하다.

경제학에서 완전히 가치중립적인 이론은 존재하지 않는다. 그러므로 자본의 입장을 대변하거나 긍정적으로 지원하는 경제학도 있을 수 있고 반대로 노동의 입장을 지지하는 경제학도 있을 수 있다.

그렇지만 현실적으로 노동을 선택하는 유일한 주체인 자본이 자신의 입장을 대학 교육에 반영하는 것은 노동이나 노동조합이 그렇게 하는 경우에 비해 훨씬 강력한 정치적 의미가 있다.

결국 '잘 만들어진 노동력'은 어느 시대, 어느 사회에서나 일반적으로 말하는 '잘 만들어짐'을 전제로 하는 개념이 아니다. 물론 농경사회가 요구하는 인재와 산업사회, 정보화사회가 요구하는 인재의 모습은 당연히 달라졌다. 그러나 노동시장에서 잘 만들어진 노동력이란 궁극적으로는 '자본이 요구하는 스펙'을 갖춘 노동력, 나아가 자본에 쉽게 길들여질 준비가 된 노동력이다.

사실 개개인으로는 모두 좋은 사람임에도 불구하고 조직의 논리에 순응하다가 어이없이 불합리한 결과를 내놓기도 한다. 역사적으로도 국가 전체가 광기에 휩싸여 움직일 때 그저 묵묵하게 자기 맡은 일만 하는 이들이 모여 전쟁이나 대량학살과 같은 비극적인 결과를 낳은 예는 일일이 지적할 수 없을 정도로 많다. 가족의 일원, 출신 지역의 일원, 국가의 일원으로 호출될 때 일일이 정당성을 따질 만한 용기를 가진 이들은 그리 많지 않다. 더구나 그것이 먹고사는 문제와 관련된 일일 때, 즉 거절은 곧 먹고사는 길이 막힌다는 의미일 때, 우리는 쉽게 생계형 순응자가 될 수밖에 없다. 대통령이건 회장이건 권력자의 옳지 못한 지시에 당당하게 맞섰다가 오히려 패기를 높이 평가받아 출세하는 젊은이 이야기는 미니시리즈 드라마에나 나오는 판타지에 불과하다.

6장

일부에게만 공정한 사회

핵심 질문:

공정하게 경쟁할 수 있을까?

사회에 완전한 공정이란 있을까

행동경제학에서 즐겨 인용되다가 드디어(2022학년도) 어느 명문 대학의 논술시험에도 출제됐다는 '최후통첩 게임'의 기본적인 구조는 이렇다. 두 실험 대상자 중 한 명에게 일정한 금액의 돈을 준 다음, 그로 하여금 다른 실험 대상자에게 얼마만큼을 나눠줄 것인지 제안하도록 한다. 상대방이 그 제안을 받아들이면 둘이 돈을 나눠 가지면 된다. 만약 상대방이 제안을 거부하면 거부한 사람은 물론 제안한 사람도 돈을 갖지 못한다. 가령 10만 원이 주어졌을 때 상대방에게 만 원을 주겠다는 제안이 받아들여지면, 나는 9만 원, 상대방은 만 원을 나눠 갖는다. 그러나 상대가 거절하면, 10만 원은 사라져 버리는 것이다. 피실험자 입장에서 애초에 돈은 하늘에서 떨어지듯 주어진 것이다. 그러므로 단돈 몇천 원이라도 챙기는 것이 이득이다. 그런데 제안자가 너무 야박하다고 생각되는 금액을 제안하면 거부하고 싶은 충동이 드는 것은 어쩔 수 없다. 얼핏 어차피 공돈이니 5만 원씩 나눠 가지면 어떨까라는 생각이 들지만, 그 생각에도 논리적 근거가 없기는 마찬가지다. 그런데 다양한 변주가 가능한 최후통첩 게임 중에 흥미로운 버전이 하나 있다. 실험 시작 전에 상식 수준의 간단한 퀴즈를 풀게 한 다음 먼저 맞힌 사람에게 제안자 역할을 부여하는 것이다. 그 경우 제안을 받는 사람은 상대적으로 낮은 금액도 좀 더 쉽게 받아들인다고 한다.

실험실 환경에서 관찰되는 결과로 세상을 설명하려는 것은 쉽지 않을뿐더러 위험하기조차 하다. 그렇지만 분명한 하나의 통찰을 얻을 수는 있다. 인색한 제안을 거부하고 싶은 마음이 단지 질투심을 넘어 넘어 공정하지 못하다는 느낌에 기초한 것이라면, 간단한 퀴즈라도 내가 맞히지 못한 것을 맞힌 이가 조금이라도 더 나은 대우를 받아 마땅하다는 느낌도 마찬가지라는 것이다. 아니 더 정확하게 말하자면, 맞히지 못한 나는 돈을 덜 받아 마땅하다는 느낌이다. 요컨대 공정성에 대한 사람들의 감각은 단순히 n분의 1이 아니라 '성과에 대한 보상'이라는 감각에 더 가까울지도 모른다. 물론 실험실에서 나온 행동이 인간의 본성 탓인지 아니면 이미 성과에 대한 보상 원리가 강조되는 사회에서 살아가면서 학습한 탓인지 분명하지는 않다.

성과에 따른 보상은 가능할까

현실은 실험실처럼 통제된 환경이 아니기 때문에 훨씬 더 복잡할 수밖에 없다. 퀴즈 문제를 푸는 것처럼 성과를 명확하게 측정할 수 없는 경우도 많다. 그러나 더 중요한 것은 특정한 성과를 가져오는 행동(실행)의 흐름을 어디에서부터 측정할 것인가다. 실험실에 입장한 두 사람 중에서 누군가는 높은 수준의 교육을 받는 사람이고 다른 사람은 그렇지 못하다면, 예를 들어 꽤 어려운 영어 문장을 해석하라는 퀴즈를 내서 풀도록 하는 것이 공정하다고 볼 수 있을까? 높은 수준의 교육은 그저 부모의 재력만으로 되는 것이 아니고 다양한 시험과 평가를 거치면서 이루어진 것이니 그 과정을 거친 것만으로도 이미 실험실에 입장하기 이전에 성과를 냈다고 생각할 수도 있다. 그러나 높은 수준의 교육을 받지 못한 피실험자가 게으름이나 자질 부족 때문이 아니라 자신이 선택할 수 없는 환경 때문에 그렇게 된 것이라면, 이 또한 처음부터 불공정한 게임이라 주장할 수 있다.

이러한 문제는 마치 지식의 독창성은 누구에게 있는가를 따지는 문제와도 비슷하다. 아이작 뉴턴의 유명한 경구처럼, 우리가 멀리 볼 수 있는 이유는 거인의 어깨 위에 서 있기 때문이다. 사실 학술 논문, 그중에서도 사회과학의 경우는 대부분 냉소적으로 말하자면, 거인의 어깨 위에서 내가 본 것이 왜, 어느 정도나 새로운 것인지를 강변하는 것이다. 학문적 정직성을 가장 분명하게 위반하는 것은 남의 글이나 생각을 그대로 가져와서 자기 것이라 주장하는 표절이다. 학자들은 독창성과 표절의 아슬아슬한 경계 위에서 한마디라도 자신의 독창성을 인정받으려고 애쓴다. 참고문헌과 각주를 분명하게 표시하는 것은 학문적 정직성의 출발이다. 그런데 설사 제대로 출발했다 하더라도 자신의 주장이 새로운 기여임을 인정받는 일은 때로는 지난한 정치적 과정이다. 이미 잘 알려진 선진국의 유명한 학자가 주장하는 것과 전혀 알려지지 않은 제3세계의 대학원생이 주장하는 것의 내용이 같을지라도 학계 안에서 받아들이는 무게는 다르다. 학술논문의 투고와 동료 연구자에 의한 심사, 그리고 수정과 재심사 과정은 실상 엄청난 '정치'가 은폐된 과정일 수도 있는 것이다.

요컨대 '성과 혹은 실행에 따른 보상'이라는 원리는 생각과는 다르게 투명하면서 단순한 과정이 아니다. 이는 '공정'과 함께 누구나 중요하다고 생각하는 '자유'에 관해서도 마찬가지다. 매일 아침 출근길에 커피를 사서 마시는 내가 값비싼 프랜차이즈 카페에 가지 않고 값싼 커피점으로 가는 것은 분명히 나 자신의 선택이고 그 선택은 '자유'에 기초해 이루어지는 것이다. 선택의 자유(Free to choose)를 출근하는 시점에 측정한다면 나는 완벽하게 자유롭다. 그러나 매일 한 잔씩 비싼 커피를 마시기에는 월급이나 자산이 적다면, 이미 계좌에 월급 금액이 찍히는 그 순간부터 선택은 더 이상 자유롭지 못하다.

공정한 경쟁은 가능할까

결국 길게 늘어선 수행과 보상의 연쇄에서 어느 지점을 선택하는가에 따라 공정해 보이던 과정이 불공정한 과정이 될 수도, 그 반대로 불공정한 과정이 공정해 보이기도 한다. 그런데 어느 지점을 '선택'하는가는 개인의 취향이나 경험에 의해서가 아니라 일종의 사회적 합의에 의해 결정되는 것이다. 신자유주의니 뭐니 하는 거창한 개념도 실은 이러한 사회적 합의를 나타내는 다른 표현이거나 혹은 사회적 합의를 이끌어내는 이데올로기를 가리킨다.

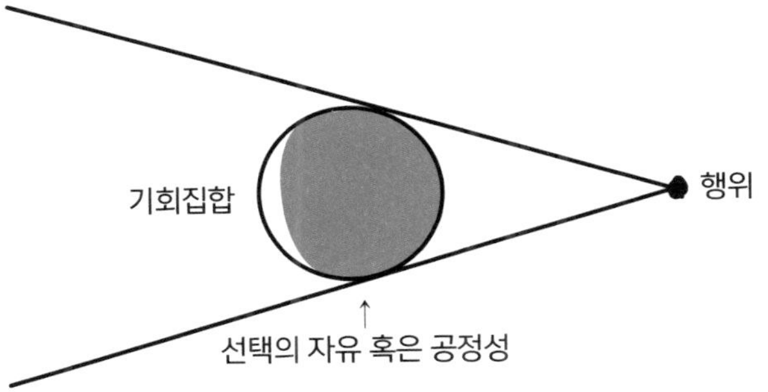

위 그림에서 우리는 동그라미 지점에서 선택을 한다. 그런데 이 선택은 얼핏 자유로워 보이지만, 이미 모종의 구조를 통해 우리가 택할 수 있는 기회의 집합이 점점 줄어든 상태에서의 선택이다. 즉, 오른쪽으로 갈수록 행위자가 선택할 수 있는 기회의 폭은 좁아진다. 그리하여 우리가 택할 수 있는 기회와 그 가능성은 줄어들고,

최종적인 선택 행위를 통해 확정 및 제한된다. 공정성 문제도 마찬가지다. 흔히 강조되는 절차적 공성성은 동그라미에서 이루어지는 행위 혹은 경쟁과 관련된 공정성이다. 그러나 그 이전의 수많은 구조적 제약 때문에 우리는 이미 그 지점 안에 있다. 선택은 그 안에서만 가능하다. 사회적 합의를 통해 어떤 사회에서는 동그라미 부분을 좀 더 왼쪽으로, 그러니까 구조를 보완하는 쪽으로 움직일 수도 있고, 반대로 더욱 오른쪽으로 그러니까 모든 선택의 구조와 결과를 개인에게 책임 지우는 쪽으로 움직일 수도 있다.

정말 공정한 규칙을 원할까

공적 담론에서는 누구나 개탄해 마지않는 한국의 입시 경쟁에서도 비슷한 일이 일어난다. 학벌, 구체적으로 얼마나 '좋은' 대학의 '좋은' 학과를 졸업하느냐에 따라 취업이나 결혼, 승진 같은 인생의 중요한 일들을 얼마나 쉽게 해낼 수 있느냐가 결정된다. 물론 여기에서도 좋은 대학, 좋은 학과라는 것은 실제로 그 대학이 얼마나 좋은 대학인가, 그 학문이 얼마나 좋은 학문인지가 중요한 게 아니다. '좋은 것으로 간주된다'는 사실이 더 중요하다. 수십만 명의 수험생을 한 줄로 세워 등수를 매기고 한정된 숫자의 의자를 배분하는 것이다. 그런데 자유의지와는 상관없이 들어간 군대나 조직에 비상식적인 관행이나 제도가 있어도 그에 저항하기보다 빨리 적응해 군

복무 또는 프로젝트를 마치고 나오는 것이 상책이듯이, 좋은 학벌을 얻는 경쟁에서도 가능하면 잘 적응하여 좋은 대학에 들어가는 것이 상책이다.

그렇게 경쟁을 내면화할 때 나타나는 현상 중 하나가 있다. 나나 내 아이가 반에서 몇 등인지, 전교에서 몇 등인지, 그리고 전국에서 몇 등인지를 알지 못하면 불안해진다는 것이다. 사실 나도 공적인 자리에서는 줄 세우기 교육의 폐해를 역설하면서도 내 아이의 성적표에 석차가 나와 있지 않으면 안절부절못한다. 이미 중고등학교에서는 성적표에 석차를 표기하지 않고 시험 점수만 기재하도록 제도가 바뀌었다. 그러나 많은 학교에서 담임선생님이 점수 옆에 볼펜으로 석차를 써서 준다. 거의 모든 학교에서 어떤 식으로든 따로 석차를 알려준다. 그것은 경쟁의 선두에 서 있는 이들에게는 승패 결과에 대한 불확실성을 제거해주며 뒤처진 이들에게는 체념의 미학을 선물한다. 결국 이들이 공통적으로 얻고자 하는 것은 마음의 평화인 셈이다.

제5 공화국 당시 과외를 법률로 금지하고 대학별 본고사를 없애면서 단 한 번 열리는 전국 단위 시험인 학력고사 성적으로 대학에 진학하는 제도가 시행됐다. 시험 성적이 발표될 때면 일간신문 전면에 걸쳐 전국 수십만 명 수험생의 성적 분포를 낱낱이 공개했다. 이를테면 내가 70만 명 중에 23만 등이라는 것을 신문을 보고 알 수 있었다. 그리고 적어도 입시에 관한 한 230등을 한 수험생에 비해서는 백분율로 따져서 천배쯤 열등한(!) 결과를 받아 마땅하다는 뜻으로 해석됐다. 그렇게 줄 세워졌던 수험생들은 이제 한창 자녀를 대학에 보내는 나이가 되었다. 그런데 나도 포함해 많은 이들이 지금처럼 복잡하고 불투명한 대입 전형제도보다 그때 그 시절이 차라리 나았다고 얘기한다. 비록 인터넷상에서라지만 학력고사를 부활시켜 대학입시제도를 단일화하자는 운동을 하는 학부모도 있을 정도다.

입시제도의 효율성이나 공정성에 관하여 이야기하려 들면 복잡하기가 한이 없다. 다만 여기에서 말하려는 것은 경쟁이 내면화할 때 경쟁 참가자는 게임의 구조 자체를 바꾸려고 하기보다 주어진 게임의 룰이 투명하게 집행되는 편을 선호할 가능성이 크다는 사실이다. 비정규직 노동자는 불합리한 처지를 개선하고자 노동조합을 만들어 투쟁하기보다 어떻게 해서라도 정규직 노동자가 되려고 노력한다. 정규직 노동자는 비정규직 노동자인 동료를 보면서 그들도 정규직이 될 수 있도록 노력하기보다 자신의 자리를 지키려고 노력한다. 정규직은 비정규직의 롤 모델이 되고, 비정규직은 정규직의 반면교사가 되는 것이다.

경쟁은 피할 수 없는 것일까

그런데 이렇게 경쟁의식을 '몸에 붙이는 것'이 반드시 피할 수 없는 결과인 것만은 아니다. 2001년도 노벨 경제학상 수상자인 조지 애컬로프는 1982년에 출간된 유명한 논문 〈부분적 선물 교환으로서의 노동계약〉에서 상대평가에 기초한 성과급이 실시될 때 성과가 좋은 노동자들이 동료를 위해 일의 속도를 늦추는 사례를 보고했다. 이 논문의 핵심은 자본가와 노동자 사이의 고용계약이 엄밀하게 측정 가능한 '눈에는 눈, 이에는 이'식의 등가교환이 아니라 자본가가 적절한 재량권과 고용의 안정성, 높은 임금 등을 '선물'로 주면 노동자는 정해진 최소한의 과업량을 초과해 일함으로써 보답한다는 데 있기는 하다. 어쨌거나 노동자 사이의 경쟁이 반드시 '의자놀이'만은 아닐 수도 있다는 사실, 좀 더 일반화하면 인간이 반드시 이기적으로 행동하지만은 않는다는 사실은 최근 행동경제학에서도 매우 중요한 연구 주제다.

그러므로 경쟁을 내면화하는 사회적 기제, 말하자면 자기착취를 강화하는 이데올로기적 장치는 현재와 같은 세태가 되는 데에 매우 중요한 역할을 한다. 한국에서 1960~1970년대에는 대통령이나 가부장주의가 그런 역할을 했다면, 1990년대 이후 이른바 신자유주의 국면에서는 국가 경쟁력 또는 개인의 역량 강화라는 명제가 그 역할을 담당했다. 조국의 경제성장을 위해 온갖 고생을 감내하던 '산업전사'나 '수출역군'은 이제 '경쟁력을 갖춘 유능한 인재'나 '좋은 인적자본의 소유자'로 거듭나야 한다. 국가를 위해 희생해야 한다는 형태로 권장하던 '이타심'이나 '협력'은 이제 그 소용을 다했다. 개인과 가족의 경쟁력 안에 이타심이나 협력이 들어설 자리는 사라져버렸기 때문이다.

어떤 노동력이 잘 팔릴까

교육 등을 통해 육체적으로나 정신적으로나 알맞게 만들어진 노동은 시장에서 고용주를 찾아야 한다. 아니 찾을 수 있어야만 한다. '잘 만들어진' 노동력이라면 반드시 구할 수 있기 때문이다. 자신을 고용해줄 곳, 즉 일자리를 얻는 데 실패한 노동력은 '제대로 만들어진' 노동력이 아닌 셈이다. 마치 불량품은 환불해주듯, 인기 없는 제품은 팔리지 않고 창고에서 재고 신세로 쌓여 있어야 하듯.

《자본론》 제1권에서 마르크스는 시장에서 상품이 판매되는 과정을 '목숨을 건 도약'이라고 표현했다. 이 표현은 실존주의의 선구자 키르케고르가 사랑을 묘사하는 데 쓴 표현이기도 하다. 내가 좋아하는 사람이 나를 좋아할 때 비로소 사랑이 이루어진다. 생각해보면 이 세상 수많은 사람 중 유독 너와 나 사이에 사랑이 이루어진다는 것은 얼마나 기적적인 일인가. 그러므로 그것은 목숨을 건 도약일 수밖에 없다. 그런데 '목숨을 건 도약'의 원어인 'salto mortale'는 '공중제비'라는 뜻도 있다. 노동자가 자신의 노동력을 파는 데 성공하는 것, 그것이야말로 글자 그대로 노동자 자신이 성공적으로 공중제비를 넘는 것이나 다름없다. 공중제비를 제대로 넘으려면 노동자는 자신의 잠재력을 입증해야 한다. 그리고 능력은 여러 가지 형태의 '스펙'으로 정리된다. 물론 잘 알다시피 인기가 있다고 해서 반드시 우수한 제품이라는 보장은 없고, 우수한 제품이 꼭 인기가 있는 것도 아니다. 그렇다면 스펙이 좋다고 해서 반드시 일자리를 얻는다는 보장은 없으며, 오히려 일자리를 얻었다는 사실이 마땅한 스펙을 갖추고 있었음을 사후적으로 입증하는 것일 수도 있다. 모든 시험이나 승부가 그러하듯이 강한 자가 이기는 것이 아니라 이기는 자가 강한 것이다.

노동자 관리기업이나 협동조합 같은 흔치 않은 경우를 제외하면 노동을 선택하는 자리는 결국 자본이 차지한다. 자본은 노동자를 만드는 과정에도 영향을 미친다. 즉, 자본이 어떤 목록의 스펙을 요구하는가에 따라 무엇을 어떻게 교육할지가 달라진다.

소비자주권의 원리는 자본이 노동을 고용(소비)할 때 행사하는 권리에도 적용된다. 나는 좋은 학벌을 갖춘 노동력을 원한다. 나는 토익 점수가 높은 노동력을 원한다. 나는 좋은 외모를 갖춘 노동력을 원한다……. 여기에서 '나'는 당연히 노동의 소비자인 고용주 또는 기업이다. 일자리를 얻는 경쟁이 치열해질수록 소비자가 요구하는 제품의 특성은 점점 많아지고 정교해진다. 물론 변하지 않는 핵심 스펙은 따로 있다. '나는 말 잘 듣는 노동력을 원한다.'

자본의 입장에서 가장 유리한 상황은 상품을 고르듯이 노동력을 선택할 수 있는 상황이다. 필요할 때 필요한 만큼만 사서 쓰고 불필요해지면 쉽게 버리거나 새로 사지 않아도 되는 것, 노동시장이 유연해진다는 것은 바로 이러한 의미다. 그러나 선택받는 노동력(판매자)의 입장에서 일반적인 상품 거래와 노동력 매매가 결정적으로 다른 지점은 판매 후에 노동력이 어떻게 사용되는가, 즉 노동이 어떤 식으로 이루어지는가에 있다. 다른 상품이라면 판매자는 구매자가 자신이 판매한 제품을 어떻게 쓰건 관심사가 아니다. 이 책을 구입한 독자들이 여기쯤까지 읽고 책을 집어던진다면, 물론 저자인 나는 가슴이 아플 테다. 하지만 판매자인 출판사나 서점 주인에게는 독자가 이 책을 어디까지 읽었는지, 읽고 나서 어떤 감흥을 얻었는지가 아니라 일단 책값을 제대로 받았는지가 더 중요한 문제다. 사실 독자가 한 줄 한 줄 음미해가며 정성껏 책을 읽는지 베개나 냄비받침으로 쓰는지 알 방법도 없다.

그러나 노동력은 그렇지 않다. 노동자는 자신의 노동력을 구입해준 곳에 가서 직접 일을 해야 한다. 이때 '널널하게 일하기'와 '죽도록 일하기' 사이에는 질적으로 커다란 차이가 존재한다. 물론 돈을 충분히 더 받는다면 '죽도록 일하기'를 선택할 수도 있다. 그렇지만 거꾸로 충분한(때로는 간신히 먹고사는 데 필요한 만큼의) 돈을 벌려고 어쩔 수 없이 죽도록 일해야만 하는 상황도 있다. 결국 노동력이 어떻게 선택되는가는 노동시장의 구조, 나아가 사회 구조가 어떻게 만들어져 있는지와 밀접한 관련이 있다.

7장

월급의 구조

핵심 질문:

일한 만큼 돈을 벌 수 있을까?

노동자와 사용자는 계약관계일까

할리우드 고전 영화 〈바람과 함께 사라지다〉를 보면 노예해방이 이루어졌음에도 흑인 유모는 여전히 주인 아가씨 곁에 머물며 정성껏 시중을 든다. 전근대사회에서 노예와 주인의 관계, 농노와 영주의 관계는 인간적 관계라는 특성이 강했다. '인간적'이라는 말을 쓴다고 해서 오해는 말기 바란다. 지배자가 피지배자에게 인간적으로 잘해주었다는 뜻이 아니라 시장 교환을 통한 계약관계에서 나타나는 거래와는 다른, 인적 속성이 중요한 역할을 하는 관계였다는 뜻이다.

전근대에서 근대로의 이행을 흔히 '신분에서 계약으로'라는 말로 묘사한다. 한편으로는 인류가 신분의 굴레에서 드디어 벗어나게 되었다는 긍정적 의미를 강조하고 있지만, 다른 한편으로는 사람 사이의 관계가 철저하게 시장 논리를 통해 구성되고 유지되는 새로운 시대가 등장했음을 의미하기도 한다. 근대사회에서 '신분에서 계약으로'를 가장 상징적으로 보여주는 것은 노동계약이다. 이제 노동자는 적어도 이론적·제도적으로 자신을 고용해줄 사람을 '선택'할 수 있게 됐다.

모든 계약은 한쪽이 주는 것이 있으면 반대쪽에서도 그에 상응하는 무엇을 주는 것을 전제로 한다. 노동계약에서 주고받는 것은 노동자의 노동과 그에 지불되는 임금이다. 그런데 노동계약은 여러 가지 불확정적인 측면이 있다.

먼저 임금은 주어진 기간 동안의 노력에 대한 대가일까, 아니면 노동자라는 노동력 소유자의 생활을 유지하도록 하는 수단일까? 분명한 것은 경제학 안에서도 이 두 가지를 각각 주장하는 흐름이 있었다는 사실이고, 더욱 분명한 것은 최근으로 올수록 주어진 기간 동안 노력한 대가라는 견해가 지배적이 되었다는 점이다. 이른바 신자유주의, 노동시장의 유연화다.

다음으로 지불받는 임금만큼 노동자가 열심히 일을 하느냐 안 하느냐가 노동계약의 중요한 관건이다. 이것은 계약 단계에서는 알 길이 없는 불확실한 사항이다. 그러므로 고용주 입장에서 노동자의 노동을 통제하는 문제가 매우 중요해진다. 노동 통제는 신분제사회에서처럼 물리력으로 할 수 없기에 '지루함 참아내기'를 사회 전체적으로 양성하는 제도나 이데올로기적 장치가 필요했다. 그러면서도 개별 고용주의 입장에서 여러 가지 통제기술을 발전시키고 도입한다. 정보통신기술의 발전은 이러한 노동 통제의 양상을 크게 변화시키고 있다. 공장이나 사무실 같은 작업장 안에서는 물론 작업장을 벗어난 시간, 나아가 개인적인 시간과 공간까지 통제할 수 있는 수단이 확대돼간다.

노동계약이 인적 속성에 점점 덜 의존하면 보통의 상품을 사고파는 것과 다를 바가 없어진다. 예를 들어 생산과 유통의 말단부에서 낮은 임금과 장시간 노동을 담당하는 노동자들은 점점 더 '계약'관계에 강하게 끌려 들어오고, 외형상으로는 더 이상 노동자가 아니라 '자발적으로 계약을 맺는 개인사업자'로 변화한다. 좁은 의미의 '노동자'가 아니라 '노동' 자체가 문제가 되는 것이다.

노동과 상품은 동일할까

10여 년 전 한국에서도 공기업 선진화라는 명목으로 노동조합과 회사 쪽이 맺었던 단체협약을 폐기하는 일이 도미노처럼 번지더니 모든 방향에서 노동을 파도처럼 몰아쳐 공격한 적이 있었다. 심지어는 "모든 노동자를 비정규직으로 만들어야 한다"라거나 "노동3권을 헌법에서 빼야 한다"라고 과감한 발언을 했던 경제학자도 있었다. 이러한 발언은 지금도 무려 재야 노동운동가 출신이라는 정치인들의 입을 통해서도 수시로 재생산되곤 한다.

문제는 이런 일이 단순한 해프닝으로 여기고 말 일은 아니라는 것이다. 미국의 경제학자 아먼 앨키언과 해럴드 뎀세츠는 이미 1972년 미국경제학회지에 실린 논문에서 다음과 같이 주장했다.

> 타이피스트에게 이 서류가 아니라 저 서류를 타이핑하라는 것과 식료품가게 주인에게 이 회사 빵이 아니라 저 회사 참치를 팔라는 요구는 내용상 동일하다.

간단히 말해 타이피스트의 노동력을 거래하는 고용관계나 참치 캔을 사고파는 거래나 본질적으로 같은 행위라는 뜻이다. 이렇게 생각하면 임금을 지급하고 노동력을 제공받는 행위는 값을 치르고 그 대가로 참치 캔을 받는 행위와 다를 바가 없다. 참치 캔이 너무 비싸거나 품질이 나쁘다고 생각하면? '안 사면 그만.' 반대로 구매자가 너무 싼 값을 요구하면? '안 팔면 그만.'

그러므로 적어도 일부 그룹의 경제학자들(실제로는 이런 이들이 대부분이다) 입장에서는 앨키언과 뎀세츠의 주장은 돌발적이라기보다는 일종의 문파 차원의 소신이라고 할 수 있다. 그리고 이들은 앨키언이나 뎀세츠의 주장을 노동 현실에 고스란히 적용한다. 참치 캔 디자인이 품위가 없다고 사지 않는 것과 마찬가지로 공무원노조가 하는 민중의례가 '품위 유지 의무를 위반하는 것'이라고 금지한다. 또 비싼 참치 캔은 사지 않는 것과 마찬가지로 월급을 더 받는 노동자는 덜 받는 노동자를 생각해서 파업을 해서는 안 된다고 주장한다. 이들이 꿈꾸는 세상은 완벽한 참치 캔의 세계인 것이다.

그러나 참치 캔은 사다가 찌개를 끓여 먹건 날로 먹건 반려견에게 주건 아무런 문제가 없겠지만 타이피스트에게 어떤 일을 시키느냐 하는 것은 질적으로 완전히 다른 문제다. 새뮤얼 볼스 등이 쓴 《자본주의 이해하기》라는 책의 내용을 약간 바꾸어 인용하자면, 참치가 먹히지 않으려고 저항하는 법은 결코 없지만 노동자는 저항할 수 있다. 똑같은 계약 거래이면서도 사람 사이의 관계는 가격이나 수요공급의 논리만으로 결정될 수 없다. '안 사면 그만'이나 '안 팔면 그만' 같은 대응이 그대로 통용되는 세계가 아니기 때문이다.

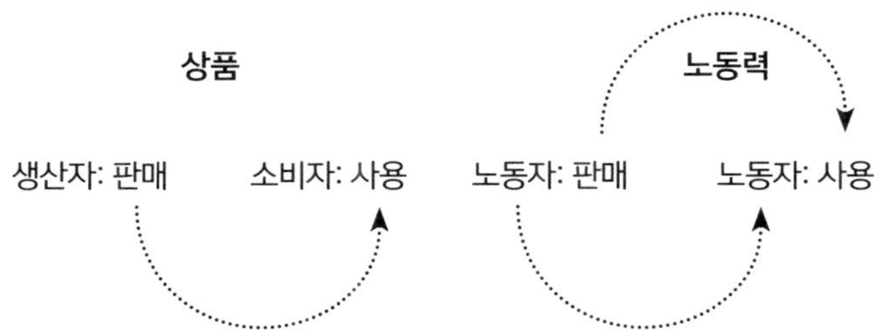

모든 사안마다 노동이 언제나 옳고 자본은 언제나 틀리다고 주장하려는 것은 아니다. 핵심은 노동과 자본의 관계를 그저 참치 캔을 사고파는 문제가 아니라 사람과 사람이 맞부딪치는 관계로 보아야 한다는 데 있다. 자본주의사회가 자본주의인 것은 노동과 자본 사이의 관계 때문이다. 이를 참치 캔의 세계로 바꾸는 것은 역설적으로 자본주의 체제 자체의 안정성을 위협하는 생각이다(그래도 한국 문파의 본류쯤 되는 미국의 앨키언은 한 수 위였다. 20여 년이 지나 자신의 입장을 부분적으로나마 수정했기 때문이다).

노동력은 소모되는 것일까

그럼에도 불구하고 노동에서 사람과 사람 사이의 맞부딪침은 점점 사라져가고 있다. 사고파는 거래로 변화하고 있음이 분명하다. '노동자'의 반대쪽에 서 있는 사람은 '자본가'다. 그런데 자본가라는 용어 대신 '사용자(User)'라는 말을 쓴다. 이러한 용법의 변화는 담론의 정치적 효과라는 맥락에서 살펴보아야 한다.

먼저 노동자가 파는 것은 자신의 노동력이지 노동은 아니라는 점에 유의해야 한다. 노동은 노동력이라는 그릇에서 흘러나오는 물과 같다. 그런데 그 물은 마치 성경에 나오는 '과부의 항아리'처럼 어느 정도는 제한 없이 길어낼 수 있다. 예를 들어 표준적인 내구연한이 10년인 기계는 10년가량 사용하고 나면 더 이상 쓸 수 없게 된다. 하지만 노동력은(물론 사람도 수명이 정해져 있기는 하지만) 하루 여덟 시간 '사용'할 것을 열 시간 '사용'한다고 해서 금세 닳아 없어지지는 않는다. 그래서 마르크스경제학에서는 '노동력'이라는 용어와 '노동'이라는 용어를 엄격하게 구분한다. 굳이 마르크스경제학까지 들먹이지 않더라도 만약 '노동'을 '사용'한다는 말을 쓰면 도대체 노동자가 판매한 것이 무엇인지가 모호해진다. 한 달 동안 직장에서 일하고 월급을 받는 것은 내가 일할 수 있는 능력을 팔았기 때문인가, 아니면 한 달 동안 일한 대가인가? 전근대사회의 노예라면 모호할 게 하나도 없다. 노예는 언제 어디서건 노예주의 처분대로 '사용'할 수 있는 '말하는 도구'이기 때문이다.

생산 수단을 소유할 수 있을 정도의 돈, 즉 자본을 가지고 노동력밖에는 팔 것이 없는 노동자를 고용하는 사람, 그리하여 노동자와 일정한 사회적 관계로 맺어짐으로써 자신의 지위를 유지하는 사람이 바로 자본가다. 그런데 자본가라는 말이 어떤 제품이나 생산요소를 사용하는 사람이라는 뜻인 '사용자'로 바뀌는 것은 대단한 정치적 효과를 낳는다. 이것을 과거 권위주의 정권 시대에 애용되던 가족 담론과 비교해보면 흥미롭다. 그것은 대통령이나 고용주는 엄격하지만 자애로운 가장이고 국민이나 종업원은 자녀라는 식의 은유를 담고 있다. 그나마 가족 담론에는 어쨌거나 둘 사이의 관계가 인간관계라는 의미가 함축되어 있었다. 다만 혈연적 관계를 통치 권력과 국민, 고용주와 종업원에게로 옮겨놓음으로써 민주적 요구를 억압하는 데 활용했다는 점이 문제였다.

어쨌든 이제 노동력은 그 소유자인 노동자의 인격과 분리돼 필요할 때 사서 쓰고 필요 없어지면 안 쓰면 그만인 일반적인 상품과 다를 바가 없어졌다. 극단적으로는 언제든 쓰다가 마음에 들지 않으면 버릴 수 있는 일회용품과도 같다. 문자메시지로 다음 날부터 출근하지 않아도 된다는 통고를 받았다는 비정규직 노동자의 에피소드는 일회용품과 같아진 노동의 현실을 잘 보여주준다. 브래드 피트가 주연한 영화 〈머니볼〉에는 프로야구 구단 관계자가 선수에게 트레이드를 통보하는 장면이 나온다. 어떻게 말을 꺼내야 할지 고민하는 신입에게 단장(브래드 피트)이 주는 조언인즉, 감정을 배제하고 사실만 간단하게 전하라는 것이다. 선수들은 '프로'이므로 선선히 받아들인다는 것이다. "젊은이여, 프로가 되라!"라는 식의 구호에는 간단한 통보에도 선뜻 짐을 꾸려 떠날 수 있는 일회용품의 처지를 묵묵히 받아들이라는 전제가 깔려 있다. '프로'라는 말에 담겨 있는 전문적 능력과 높은 몸값이라는 긍정적 이미지와 언제든 잘릴 수 있다는 부정적 이미지가 동시에 생겨났다.

노동을 고용하는 것이 사람 사이의 사회적 관계에서 점점 더 상품 거래와 비슷하게 바뀌는 현상은 이른바 근본적 시장원리주의나 신자유주의 이데올로기의 핵심이자 한국에서는 1997년 IMF 위기 이후 두드러지게 나타난 흐름이기도 하다. 관계에서 거래로의 변화는 때로는 자유롭게 직장을 선택할 수 있는 '지식 노동자'의 특성인 양 선전되기도 했다. 물론 자기 몸값을 키워 좋은 직장으로 옮아갈 수 있는 노동자가 분명히 있기는 하다. 그러나 이를 일반화하는 것은 마치 실업에 허덕이는 젊은이에게 스티브 잡스처럼 도전해 그렇게 되라고 권하는 것과 비슷한 이야기다. 하지만 누구나 스티브 잡스가 될 수 있다면, 이미 스티브 잡스는 스티브 잡스가 아니다.

어쩌면 이것은 '희망고문'의 한 형태일지도 모른다. 짝사랑하는 상대가 내 마음을 받아줄 듯이 부드럽고 친절한 태도를 보이며 끝끝내 희망의 끈을 놓지 못하도록 나를 고문하는 것처럼. 그리고 인턴이나 비정규직으로 근무하다가 높은 평점을 받으면 정규직으로 전환시켜준다는 희망, 무리한 강의 일정이라도 꿋꿋하게 소화하면 만년 시간강사라도 끝내 전임교수가 되리라는 희망, 지방 캠퍼스에 입학하더라도 좋은 성적을 올린 소수는 본 캠퍼스로 소속을 변경시켜준다며 이른바 명문 사립대학이 학생들에게 내건 희망 또한 이와 다르지 않은 것이다.

한편 세계화가 진행되면서 노동의 국제적 이동도 활발해졌다. 그러나 노동은 사람의 이동이므로 물자나 자금의 이동과는 달리 여러 가지 현실적 제약을 받을 수밖에 없다. 국경을 넘어 먼저 이동하는 것은 상층부의 고숙련노동과 하층부의 미숙련노동이다. 이들의 이동은 국가 안에서 소득분배 구조나 노동시장 여건에 커다란 변화를 가져온다.

일의 대가는 노동의 질에 따라 다를까

외국인 연구원 자격으로 일본 고베대학교에서 한 학기 동안 머문 적이 있다. 내가 살던 곳은 인공 섬 위에 조성한 대규모 아파트 단지였다. 바다 한가운데 있는 곳이니만큼 공기도 좋고 경치도 좋았다. 치안도 안전한 곳이라 잠시 머무는 외국인치고는 호사스럽게 지낼 수 있었다. 다만 한 가지 문제가 있었다. 도심과 연결되는 대중교통 수단이라고는 요금이 제법 비싼 모노레일뿐이었고, 얼마 되지 않는 섬의 인구로는 시장이 형성되기 어려워 몇 가지 업종은 가까운 곳에 아예 상점이 없었다. 그래서 리코더처럼 수요가 적은 아이들 학교 준비물을 사려면 모노레일을 타고 시내까지 들어갔다 와야만 했다.

사건은 안에서 잠기는 방문을 무심코 바깥에서 닫아버린 날 발생했다. 수소문 끝에 수리 기사의 연락처를 알아내 전화를 걸었고 한 시간쯤 뒤에야 시내에서 차를 타고 기사가 왔다. 한눈에 봐도 일흔이 넘은 할아버지였다. 사실 자물쇠라 해봐야 문고리 가운데에 볼록 튀어나온 작고 동그란 버튼을 눌러서 잠그는 단순한 구조여서 나는 그가 아주 수월하게 1~2분이면 문을 열어주리라 기대했다. 아마 한국에서는 동네 열쇠가게 주인에게 잘만 부탁하면 공짜로 열어줄 수 있을 정도로 쉬운 작업이라고 예상했다. 그러나 문은 열리지 않았다. 아니 정확하게 말하자면 할아버지는 문을 열지 못했다. 문을 따기 시작한 지 무려 30분을 넘기고서는 자물쇠를 통째로 빼내야겠다고 선언했다. 어쨌거나 내가 직접 제거할 수 없으니 그렇게 하랄 수밖에. 작업이 끝나고 문은 열렸으나 엉성한 작업의 결과로 틈이 생겨 문이 완벽하게 닫히지도 않는 상태가 되었다. 그리고 내게 청구된 금액은 수리비 만 엔에 소비세 5퍼센트를 더한 1만500

엔, 한국 돈으로는 10만 원가량이나 되는 돈이었다. 공식 통계로 일본의 1인당 GDP가 한국의 두 배인 시절이었음을 감안하더라도 한국의 열쇠 수리와는 비교가 안 되는 금액이었다.

열쇠 고치는 일뿐이 아니다. 선진국으로 갈수록 사람이 직접 몸을 움직여서 하는 일에 대한 보수는 상대적으로 높아진다. 사람값, 즉 인건비가 그만큼 비싸기 때문이다. 자유무역이 어지간히 진전돼도 서비스는 제대로 교역되지 않는 재화, 이른바 비교역재다. 세계화가 지금처럼 진행된 상태에서도 노동력이 국경을 넘어 이동하기는 쉽지 않다. 이동이 어려운 것은 소비자 또한 마찬가지다. 뉴욕이나 도쿄의 미용실에서 머리를 자르려면 돈이 많이 든다고 해서 더 적은 비용으로 머리를 자르겠다고 서울이나 부산의 미용실로 찾아올 수는 없는 노릇이다. 더구나 고베의 열쇠 할아버지가 그랬듯 인건비가 비싸다고 해서 생산성이 높다고 볼 수도 없다. 정확하게 표현하자면 화폐 단위로 측정하는 생산성이 높아도 실제로 효율적인 기술을 가지고 있는 것은 아니다.

오래전 정부가 한미 FTA를 강력하게 추진할 때 내세운 중요한 논리 중 하나는 선진국에 비해 한국의 서비스업 생산성이 낮다는 것이었다. 그러니 자유무역을 통해 경쟁력을 끌어올려야 한다고 주장했다. 물론 이때 말하는 서비스업은 주로 의료나 법률, 금융 같은 전문직에 가까운 업종이었다. 그러나 전 세계의 돈이 모여드는 월스트리트의 금융기관과 개발도상국의 금융기관을 화폐 단위로 직접 비교해 생산성이 높다 낮다 따지는 것은 공정하지도 않을뿐더러 비교하는 자체가 무의미하다.

임금은 노동력을 유지하는 기금일까, 일한 대가일까

《나중에 온 이 사람에게도》는 기독교 사회주의적 전통에서 중요한 인물인 존 러스킨이 경제학 관련 논문을 모아 엮은 책이다. 제목은 신약성서의 마태복음 20장에 나오는 구절에서 따왔다. 이 대목에서 예수는 포도원 주인이 품꾼들에게 품삯을 주는 비유를 들어 하늘나라의 원리를 설명한다. 포도원 주인은 아침부터 와서 일한 사람이나 오후 5시쯤 와서 한 시간밖에 일하지 않은 사람에게나 똑같이 품삯으로 1데나리온을 준다. 당연히 일찍부터 일한 사람들이 불평하기 시작한다. 그러자 주인은 말한다.

> 당신에게 주는 것과 꼭 같이 나중에 온 이 사람에게도 주는 것이 내 뜻이오.

물론 현실에서 그대로 실현할 수 있다면 이미 하늘나라의 원리가 아닐지도 모르겠다. 이 비유는 러스킨이 그러하였듯이, 그리고 그 당시 경제학에서 그러하였듯이 임금을 한 일의 대가에 못지않게 노동력을 유지하기 위한 기금으로 보았다는 사실과 관련지어 해석할 수 있다.

'고립국'이라는 이론으로 잘 알려진 요한 하인리히 폰 튀넨은 주로 고등학교 지리 교과서에 등장하는 인물이지만 실제로는 경제학자이기도 했다. 튀넨은 노동자들에게 주어지는 임금이 어떻게 결정되어야 하는가를 하나의 공식으로 만들었다. 공식에 매우 만족한 나머지 자신의 묘비명으로 삼기도 했을 정도다. 그 공식은 임금이 $\sqrt{AP}$여야 한다는 것이다. 여기서 A는 생산물의 가치, P는 노동자와 그가 부양해야 하는 가족의 생계비를 의미한다. 당연히 생산한 가치가 많아지거나 부양가족이 많을수록 임금이 늘어난다. 이 공식에는 두 가지 특징이 있다. 먼저 생산물의 가치와 생계비를 곱해주기 때문에 생산성이 높은 노동자도 부양가족이 적다면 생산성은 낮지만 부양가족이 많은 노동자에 비해 그다지 많은 임금을 받지 못한다는 점이다. 이를테면 오후 늦게 와서 일한 품꾼이 많은 가족을 먹여 살려야 하는 입장이라면 이 처지를 고려하여 품삯을 지불해주어야 한다. 그리고 또 하나의 특징은 두 변수를 곱한 값 자체가 아니라 제곱근이 임금이기 때문에 생산성이나 부양가족이 늘어나는 정도보다 임금이 증가하는 정도는 훨씬 작다는 데 있다. 예를 들어 AP가 10000인 노동자는 100인 노동자의 100배만큼 임금을 받는 것이 아니라 $\sqrt{10000}=100$, $\sqrt{100}=10$, 즉 10배의 임금을 받는다. 이것은 적은 임금을 받는 노동자와 많은 임금을 받는 노동자의 격차가 지나치게 벌어지지 않게 조정하는 효과가 있다.

튀넨의 임금 결정 그래프

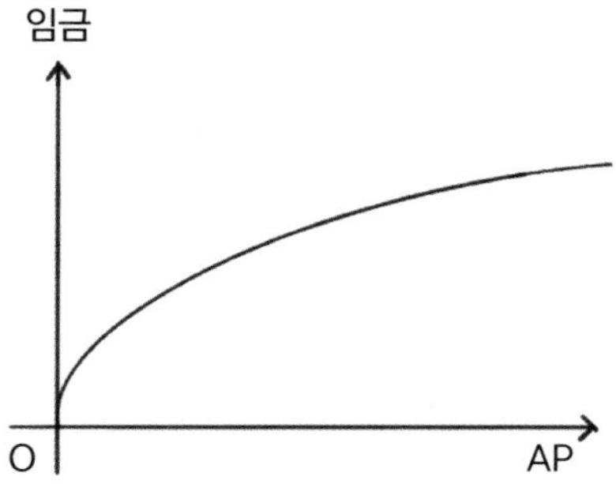

튀넨의 공식은 매우 단순하고 오늘날에는 경제학 교과서에 소개조차 되지 않는다. 하지만 임금을 바라보는 두 가지 관점을 종합하려 시도했다는 점에서 흥미롭다. 임금은 노동자가 생산에 기여한 크기에 정확하게 비례해서 지불된다(또는 지불해야 한다)는 것이 하나의 관점이고, 임금은 노동자와 그가 부양하는 가족의 생계비이므로 어느 정도는 생산에 기여한 크기와 무관하게 결정된다(또는 되어야 한다)는 것이 다른 하나의 관점이다. 단순화해서 말하자면 생산에 기여한 만큼 지불되어야 한다는 것은 신고전학파경제학의 한계생산력설, 노동자의 생계비와 연관하여 지불되어야 한다는 것은 고전학파경제학의 생존임금 이론이라 할 수 있다.

누가 얼마나 일했는지 알 수 있을까

개인적인 경험을 하나 말해본다. 물론 전공 분야에 따라 사정이 다르지만, 교수들이 공부와 관련하여 받을 수 있는 '연구비'라는 돈이 있다. 보통 교육부나 연구지원기관 등에 제출한 연구 계획서가 선정되면 일정한 금액을 일정한 기간 동안 지급받는다. 특별한 경우를 제외하면 연구자 본인의 인건비로 집행할 수 있는 금액, 시쳇말로 '날로 먹을 수 있는 돈'은 아예 없거나 있다 해도 상한선이 정해져 있다. 대부분은 그 연구와 관련된 도서나 장비를 구입하고, 연구를 위해 출장을 다녀오고, 회의하는 용도로 써야 한다. 내가 교수가 되어 맨 처음 연구비를 받았을 때가 기억난다. 연구 기간 1년 동안 500만 원 정도를 연구비로 쓰는 프로젝트였다. 그런데 그 돈을 다 쓰느라 무척 고생했다. 무슨 시약이나 장비가 필요한 과학 실험을 하는 것도 아니고 설문조사를 하거나 대용량 컴퓨터를 써야 하는 것도 아닌 인문학에 가까운 연구 주제였던 탓에 돈을 연구에 썼다고 입증하기가 쉽지 않았기 때문이다.

예를 들어 튀넨의 임금 이론을 연구한다고 해보자. '직접적으로' 필요한 경비는 튀넨의 책이나 튀넨에 관해 연구해놓은 문헌 자료를 구입하는 데 드는 비용이다. 그런데 튀넨과 직접적으로 관련이 없는 케인즈의 책을 산다. 케인즈의 임금 이론을 이해하는 것이 결국엔 희미하게나마 튀넨의 임금 이론을 연구하는 데 도움이 될 지도 모르기 때문이다. 그렇다면 케인즈의 책은 이 연구비로 구입해도 되는 걸까, 안 되는 걸까(나는 아이패드에서 쓸 수 있는 6달러짜리 워드프로세서 애플리케이션을 구입한 적이 있다. 그런데 그 앱은 '범용 장비'에 해당하므로 연구하는 데 꼭 필요하다는 소명서를 제출하라는 요구를 받고 돈을 반납해버린 적도 있다)?

뜬금없이 팔자 좋은 교수의 연구비에 대한 불만을 토로하려는 것은 아니다. 노동자의 임금을 바라보는 두 가지 관점은 이러한 문제와 관련이 있다. 즉, 연구를 시작하는 순간 내가 튀넨의 이론에 대한 지식이 100만큼 있었다고 하자. 그리고 연구가 끝나는 시점에 지식이 150이 되었다. 연구비는 150에서 100을 뺀 값, 즉 50에 해당하는 지식의 증가분에 대해서만 집행돼야 한다. 그러나 연구자 본인조차 자신의 지식이 얼마나 증가했는지를 정확하게 측정할 방법은 없다. 연구는 객관적으로 확인하기 어려운 매우 불투명한 정신노동이라는 점에서 예외적이기는 하지만 일반적인 생산 현장에서의 노동도 본질적으로는 비슷한 문제를 안고 있다.

성과를 정확히 판단할 기준이 있을까

임금이 생산 기여분과 정확히 비례한다고 정의하려면 두 가지 전제조건이 필요하다.

첫째, 노동자 한 명 한 명이 생산에 기여한 바를 객관적으로 측정할 수 있어야 한다. 그러나 엄격하게 표준화한 생산 방식으로 운용되는 게 아니라면 서로 다른 직무를 하는 노동자의 생산 기여분을 객관적으로 측정하기는 쉽지 않다. 실은 거의 불가능에 가깝다.

아주 오래전에 두어 군데 사회과학 출판사에서 이름이 드러나지 않는 번역가 노릇을 하며 교정보는 일을 한 적이 있다. 그곳에서 나는 아마추어 대학생이 10쪽씩 나누어 번역한 엉성한 원고건, 전문 번역가가 번역한 매끄러운 원고건 온전한 책의 꼴을 갖추고 나오기까지는 수많은 이들의 협력이 필요하다는 사실을 확인했다. 원고지 수천 매에 이르는 책을 번역하다 보면 제아무리 능숙한 전문가라도 집중력이 떨어지기 마련이다. 그때마다 어김없이 생겨나는 오역을 찾아내는 일은 그 분야 전문가가 아니라 외국어 실력도 달리는 편집자의 몫이다. 이런 경우 생산물(책)의 생산에 저자와 편집자가 각각 기여한 크기를 정확하게 측정하는 것은 가능할까?

실제로 외국에서는 책 한 권이 나오기까지 편집자가 개입하는 정도가 우리나라보다 더 강하다. 그래서 베스트셀러가 된 책의 수익을 어떻게 나눌 것인가를 둘러싸고 저자와 편집자 사이에 소송까지 벌어진 사례도 있다. 한국에서도 연이어 베스트셀러를 썼던 인문학자가 편집자의 이름을 표지에 나란히 표기해줄 것을 요구했다가 출판사로부터 거절당하자 편집자와 함께 아예 새로운 출판사로 옮겨 책을 낸 일이 있었다. 경제학자답게(?) 나의 관심은 표지에 이름이 표기된 그 편집자에게 저자 인세의 어느 정도가 배분되었을까 하는 천박한 수준에 머물렀다. 정확한 사정은 알 수 없겠으나, 이것은 한국 출판계의 관행이 편집자의 기여를 충분히 인정하지 않는 편임을 드러내주는 사건이었다. 연구자들이 학술논문을 여럿이 함께 쓰는 경우에도 이른바 제1 저자와 공저자의 기여도가 어느 정도인가를 가리기란 쉽지 않다. 논문 실적으로 인사고과를 매기거나 장려금을 지급하는 경우라면 기여도를 따지는 것은 매우 첨예한 문제가 된다. 특허처럼 돈이 될 만한 지적재산권이라도 걸린 경우라면 정말로 대자본이 분쟁의 당사자로 등장하기도 한다.

이렇듯 노동자 개인의 생산 기여분을 객관적으로 평가하기란 쉬운 문제가 아니다. 전적으로 노동자의 숙련에 의존하고 생산 장비가 별로 필요하지 않은 수공업적 장인 노동처럼 노동의 성과가 생산물의 개수로 정확하게 평가될 수 있는 경우가 아닌 한.

둘째, 노동자의 기여와 생산된 가치가 같은 시간 지평(Time horizon)을 가지고 움직여야 한다. 쉽게 말해 노동자가 오늘 하루 여덟 시간 동안 일했다면 그는 그 여덟 시간 동안 생산된 생산물에만 기여한다는 뜻이다. 그런데 만약 노동이나 생산이 시간에 걸쳐 누적되는 성격이라면 이렇게 말하기는 어렵다.

예를 들어 숙련된 재봉사가 하루 종일 재봉틀을 돌려 옷을 열 벌 만들었다고 하자. 옷 열 벌을 만드는 데는 외견상 그의 하루 동안의 노동이 투입되었을 뿐이다. 그러나 하루에 열 벌을 만들 만큼의 숙련도는 하루아침에 갖출 수 없다. 실은 오랜 시간에 걸친 훈련과 경험을 통해 숙련도가 올라간 것이다. 그렇다면 그 숙련된 능력을 형성하기까지 투입된 노동은 어떻게 평가할 것인가 하는 문제가 남는다. 임금을 생계비로 보는 관점은 바로 이러한 문제와 관련이 있다. 또한 하루 일과를 마친 재봉사는 집에 돌아가 정서적 안정과 육체적 휴식을 취해야 자신의 능력을 그대로 유지할 수가 있다. 이른바 노동력의 재생산이다. 노동력이 정상적으로 재생산되지 않는다면 그는 내일 아침, 또는 몇 달 뒤 아침에는 지금처럼 능숙하게 옷을 만들기가 힘들어질 것이다.

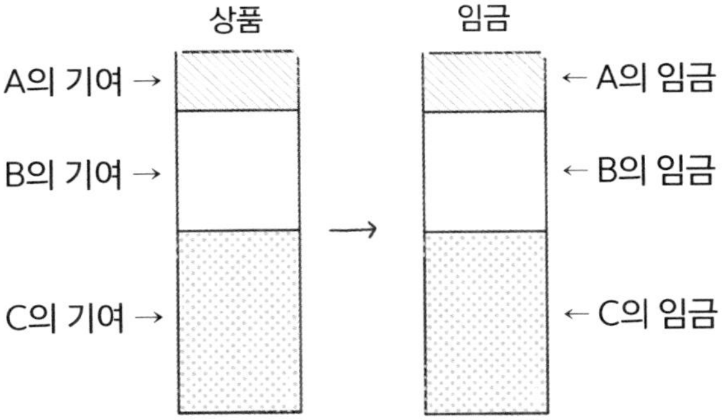

기여와 임금의 이상적(불가능한) 상태

이렇게 보면 임금은 오늘 하루 노동에 대한 대가라기보다 그가 노동 능력을 유지하도록 만드는 대가다. 비단 육체노동에만 국한된 얘기는 아니다. 하루 종일 컴퓨터 앞에 앉아 있는 사무직 노동자도 새로운 소프트웨어나 컴퓨터 환경에 적응하지 않으면 예전처럼 숙련된 업무 능력을 발휘하기 힘들다. 때로는 퇴근한 뒤에 집에서, 학원에서 자신의 기술과 숙련도를 유지하는 데 필요한 책을 사서 읽거나 컴퓨터를 다루며 연습해야 할 필요도 있다.

나도 늦은 나이에 영어 회화를 배우러 학원에 다니던 시절이 있었다. 같은 수업을 듣는 '학생' 중에는 반드시 중고등학교 영어교사가 몇 명씩 끼어 있었다. 일찍부터 영어에 노출된 요즘 학생들에게 예전처럼 문장의 5형식, 8품사 따위를 가르쳐서는 '제대로 된' 영어교사가 되기 힘들다고 했다. 원어민에 가까운 발음이나 구어 능력을 갖추지 못하면 안 되기 때문에 그들은 자기 돈을 들여가며 밤늦은 시간에도 피곤한 몸을 이끌고 영어 회화를 배우고 있었다.

무노동·무임금은 맞는 말일까

한국 사회에서 오랫동안 논쟁거리가 되었던 무노동·무임금 원칙은 이론적으로 임금이 노동력을 재생산하는 데 지불하는 비용이 아니라 그때그때 생산에 기여한 몫에 따라 그때그때 지급하는 보수라는 관점에 기초하고 있다. 즉, 파업에 일주일 동안 참가한 노동자는 일주일 동안 '아무것도 생산하지 않았으므로' 임금을 받지 못하는 것이 당연하다. 노동조합 전임자로 일하는 노동자는 '생산에 종사하는 것이 아니므로' 그 또한 회사로부터는 임금을 받지 못하는 것이 당연하다.

비정규직이 일상화되는 현상은 임금이 그때그때 노동한 대가라는 원칙이 현실에서 순수한 형태로 실현된 것이다. 이른바 비정규직에게 4대 보험이 보장되지 않는 것은 보험이 그때그때의 생산 기여분에 대한 대가가 아니라고 여기기 때문이다. 요즘은 약간씩 변화하고 있기는 하지만 대학의 시간강사가 보수를 강의 시간에 비례해서 받는 것도 논리는 마찬가지다. 경제학개론을 세 시간 강의했다면 강사료는 실제로 강의실에서 보낸 세 시간에 비례해서만 지급되는 것이 당연하다는 논리다. 수강 학생이 100명이 넘는 대형 강의라면 100장이 넘는 리포트나 답안지를 읽고 채점해 컴퓨터에 성적을 입력하는 '노동'이 뒤따르지만 이는 매주 세 시간씩 강의실에서 떠드는 노동의 부록에 지나지 않는다.

2012년 프랑스 대통령 선거에서 작은 돌풍을 일으켰던 좌파당 후보 장 뤽 멜랑숑은 최고경영자의 임금이 중간 임금의 스무 배를 넘지 못하도록 제한해야 한다는 공약을 내걸었다. 실제로 자본주의가 발전하면서 최고경영자와 신입사원의 보수 격차는 점점 커졌다. 특히 금융 부문에서 이 격차가 두드러진다. 미국 월스트리트에서 최고경영자는 아니더라도 경영진이 얻는 소득은 글자 그대로 천문학적 수준까지 치솟는다. 각자가 생산에 기여한 바가 얼마인지를 객관적으로 측정하기가 어렵다는 점, 임금이 생계비로서 특성을 갖고 있다는 점을 고려한다면 이러한 극심한 임금격차는 사회정의에 어긋나는 것이다. 오히려 이제는 잊힌 튀넨의 임금 이론이 비록 수학적으로 도출되거나 증명할 근거가 있는 것은 아닐지라도 정의의 원칙을 어느 정도 담고 있었다.

임금이 생계비라는 관점보다 그때그때 일한 대가라는 관점이 강화되는 흐름은 고용의 형태가 유연해지는 경향과도 밀접한 관련이 있다. 내일 자를지도 모를 노동자에게 생계비라는 개념으로 임금을 지불하고 싶은 고용주는 없기 때문이다. 의도하건 하지 않았건 이러한 관점의 변화는 강력한 이데올로기적 효과를 낸다. 그때그때 한 일에 대해 그때그때 대가를 지불하였으므로 갑자기 해고하더라도 도덕적 부채감을 가질 필요가 없어지기 때문이다. 그러므로 고용 형태를 유연화하는 것과 임금에 대한 관점 변화는 서로 영향을 주고받으며 서로를 강화하는, 말하자면 아귀가 잘 맞아떨어지는 형국인 셈이다.

정교한 평가 체계란 속임수 아닐까

대학 신입생 시절 교양영어 교과서의 첫 챕터 내용은 미국 대학의 교수였던 저자가 쓴 대학생활에 대한 충고 비슷한 것이었다. 고교 시절에 비해 갑자기 너무 어려워진 영어 문장들 때문에 해석을 따라가기도 벅찼지만, 오랜 세월이 흘러도 'hocus-pocus'라는 단어만은 또렷이 머리에 남아 있다. 당시 교수님은 '수리수리 마수리'라고 번역하셨는데, 글쓴이는 대학에서의 성적이란 그렇게 부질없는(이것은 순전히 나의 해석이었음을 밝혀둔다) 것이니 너무 집착하지 말라는 식의 얘기였던 듯하다.

아무튼 답안지를 선풍기에 날려 멀리 가는 순으로 성적을 매겼다는 교수 괴담은 글자 그대로 괴담이 된 지 오래다. 갈수록 치열해지는 학점 경쟁으로 말미암아 학생들은 자신이 받는 성적에 매우 민감하고, 온라인과 오프라인을 가리지 않는 이의제기와 읍소 때문에 학기 말이면 곤욕을 치른 지 오래다. 이를테면 '○○○에 관하여 논하라'라는 식의 한 시간당 한 문제짜리 서술형 시험은 나 자신도 성적을 부여한 근거를 명확하게 제시하기 어려운 경우가 많다. 가령 70명으로 이루어진 한 클래스에서 최상위 답안 둘이나 셋을 고르는 것은, 흔히 생각하는 것과는 달리, 매우 명쾌하고도 쉬운 일이다. 최하위 답안(주로 백지로 제출되거나 '교수님, 죄송합니다'라는 문장으로 시작하는) 몇 개를 고르는 것도 마찬가지다. 문제는 철저한 상대평가를 꽤 중요한 원리로 생각하는 한국 대학에서 20등과 30등을 구분하는 데 있다. 사실 채점자의 마음가짐이나 답안지의 글씨체에 이르기까지 너무나도 많은 우연적 요소가 작동할 수밖에 없는 것이 현실이다.

그러다 어느 순간 터득한 영업 비밀(?)은 다양한 평가요소를 도입한 다음(이를테면 출석 점수 등) 지극히 세분화된 성적 평가 체계를 구성하는 것이었다. 학기말이면 스프레드시트로 정리한 대여섯 가지 평가 항목의 합계 점수를 공개한다. 이때 각 항목별 점수는 척도를 매우 잘게 나눠 항목당 2점 내지 3점으로 설정하고 합계 점수도

20~30점 정도의 적은 점수를 설정한다. 예를 들어 어떤 학생의 '한 한기 동안의 학업성취도가 21.3점' 하는 식이다. 놀랍게도 이러한 평가 체계를 도입한 이후, 성적을 올려달라는 읍소는 있어도 성적 자체에 대한 이의제기는 눈에 띄게 줄어들었다. 사실 이러한 방식은 한국의 공공기관평가에서 활용하고 있다. 심지어는 어떤 기관에서는 '사회적 책임성' 항목을 높이려고 직원이 헌혈 활동을 하기도 한다. 대학 입학을 위한 학생들의 봉사활동이 이런 식으로 변질된 지도 이미 오래전이다. 요컨대 치밀한 논리로 구성된 듯한 평가체계는 그 자체의 논리를 가지고 살아 움직이면서, 결국 그에 의해 평가받는 사람들을 시스템에 적응하도록 만든다. 때로는 평가 그 자체보다 평가된다는 사실로 말미암아 길들여지는 것이 더 중요해 보이기조차 하는 것이다.

쓸데없는 노동도 있을까

데이비드 그레이버의 저작 《불쉿 잡》은 우리가 사는 세상에서 쓸모없는 일자리들이 증가하는 까닭에 관한 인류학적 기록이다. 특히 사무직 노동의 상당 부분이 쓸모없는 것들, 심지어는 해롭지도 않은 일이라는 것, 그러나 그러한 쓸모없는 일(불쉿 잡Bullshit Jobs)이 증가하는 현상이 사회 전체적으로는 유해하다는 것을 많은 이들의 실제 경험을 곁들여 설득력 있게 보여준다. 그가 분류한 쓸모없는 일자리의 다섯 가지 유형 중에 '빈칸에 체크 표시하는 사람(Box ticker)'은 다름 아닌 성적 처리를 할 때 내가 하는 일을 묘사하는 듯하다. 또 다른 유형 중의 하나인 '제복을 입은 피고용자(Flunkies)'도 우리 주변에서 쉽게 볼 수 있다. 제복을 입은 피고용자는 오직 다른 사람들이 중요하게 보이거나 중요하게 느끼도록 만드는 데 필요한 일을 한다. 은유적으로 이해하면, 모든 일의 단계에서 특정 단계가 중요하게 보이도록 보조하는 역할의 일자리다. 그레이버도 지적하는 것처럼 제복을 입은 피고용자의 쓸모는 그를 고용한 사람이 권력을 확보하도록 해주는 것이다. 권력의 확보와 유지가 어떤 의미에서는 일의 본질적 요소가 되었기 때문이다. '빈칸에 체크 표시'를 하도록 만들거나 '제복을 입은 사람'을 고용하는 데 드는 비용이 쓸데없다는 주장은 궁극적으로 권력을 유지하려는 의도 앞에서 중요성을 상실하고 만다. 이렇게 우리 일을 규정하는 매우 중요한 요소는 다름 아닌 '권력'인 것이다.

왜 위험은 아래를 향할까

'○○택배'라는 로고가 새겨진 소형 트럭은 사실 택배 기사 개인 소유다. '지입(持入)제'라는 일본식 표현('갖고 들어간다'는 뜻이다)은 개인사업자가 기본적인 생산 수단을 가진 상태에서 '거래 당사자'로서 계약을 맺고 일감을 할당받는 형태를 가리킨다. 미니버스나 승합차가 아침에는 '○○유치원'이라는 아크릴 간판을 달았다가 저녁에는 '○○영어학원' 간판으로 갈아 끼우는 이유도 다름 아닌 이 지입제 때문이다. 많은 대학의 스쿨버스도 지입제로 운영된다. 택배 기사는 하나의 예에 지나지 않는다. 대형 마트에 아이스크림이나 과자를 납품하는 '○○제과' 영업사원은 그 회사 직원이 아니라 대부분 형식상 개인사업자다. 그 '개인사업자'끼리 무한대에 가까운 경쟁을 벌이니 편의점에서조차 아이스크림과 과자는 늘 특별 할인된 가격에 판매된다. 그리고 이러한 할인 판매의 부담과 압력은 고스란히 '개인사업자'에게 떠넘겨진다.

차를 몰고 가다가 갑자기 휘발유가 떨어지거나 차량에 이상이 생겨 자동차보험회사에 전화를 걸면 어디선가 견인차가 나타나 처리해준다. 견인차 기사 역시 보험회사 직원이 아니다. 택배 노동자와 마찬가지로 개인사업자 자격으로 일정한 구역을 할당받아 돌아다니다가 사고를 처리하면 건당 일정한 수수료를 받는 구조다. 유흥가 카페나 레스토랑, 식당 등에서 발렛파킹을 해주는 이들 또한 그 점포의 직원이 아니라 '개인사업자'다. 이들은 혼잡한 상업 지구에서 때로는 불법 주차까지 해가며 자동차를 관리해주는 대가로 손님에게 건당 수수료를 받는다. 마치 건설공사장의 팀장('십장'이라고도 불리던)이 자신이 모집한 네댓 명의 노동자들을 소형 승용차에 태우고 가서 노동을 하청받듯이, 이들은 카페나 식당 업주와 계약을 맺고 주차해주는 일을 한다.

새로 입주한 사무실에 가구를 배달하러 온 청년은 성인 남자 둘이 들기에도 버거워 보이는 책장을 혼자 능숙하게 어깨에 둘러메고 운반한다. 그는 아침 일찍 시외 물류창고에서 물건을 받아 싣고 시내 곳곳을 돌아다니며 날라주고 건당 배송료를 가구를 주문한 고객으로부터 직접 받는다. 그 또한 가구회사의 직원이 아니라 '개인사업자'다. 내가 그에게 서비스의 불편함을 항의하더라도 이는 회사에 대한 항의가 아니라 그 말단부에 있는 개인사업자에 대한 항의일 따름이다. 그가 배달하는 책장의 값은 내가 힘들게 수소문해 찾아간 재래시장 입구의 가구점에서 본 것보다도 싸다. 당연하게도 나는 다시는 그 가구점을 찾지 않을 것이다. 대신 인터넷 쇼핑몰에서 클릭하게 될 것이다. 소비자의 검색비용, 제품의 보관과 운송비용을 절약할 길이 더 이상 없는 가구점은 쇼핑몰과 질 수밖에 없는 싸움을 벌여야 한다.

유통뿐 아니라 재화와 서비스 분야에서도 비슷한 예는 끝없이 찾을 수 있다. 더 이상 택시를 직접 소유한 콜택시회사가 존재할 이유가 없다. 개인택시들을 네트워크로 연결한 후 플랫폼회사가 고용한 비정규직 직원이 호출을 받아 기사에게 전달해주고 소개비로 건당 수수료를 떼어가는 방식으로 운영한다. 많은 저임금 노동자나 자영업자, 심지어는 가정주부의 야간 부업(달빛을 받으며 일한다는 뜻에서 이를 'Moonlighting'이라고 부른다) 대상인 대리운전도 마찬가지다. 게다가 같은 시간 안에 많은 '콜수'를 처리해야 하는 부담, 달리 표현하자면 같은 수의 과업을 가능한 한 짧은 노동 시간 안에 마무리해야 한다는 절박한 욕망은 그 '개인사업자'를 난폭 운전이나 안전사고의 위험에 고스란히 노출시킨다.

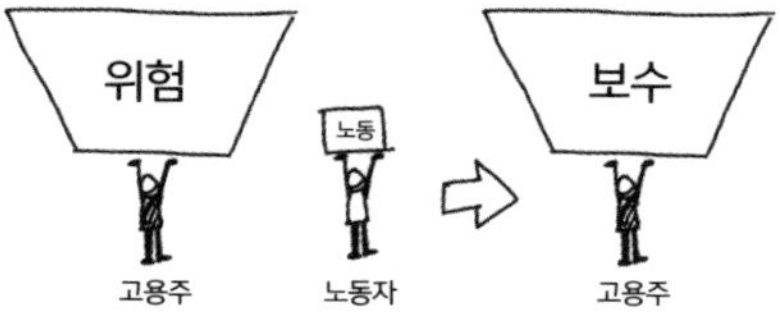

경제학 이론

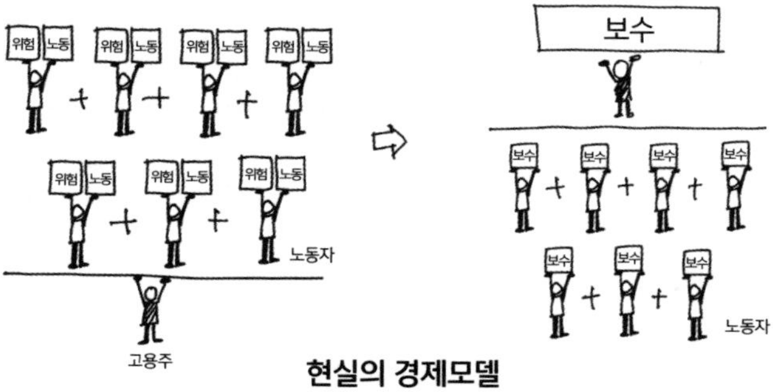

현실의 경제모델

심지어는 그 유명한 대치동 학원가의 강사도 원장에게 고용된 직원이 아니라 '개인사업자'인 경우가 많다. 개인사업자이기 때문에 노동자로서 누릴 수 있는 4대 보험이나 퇴직금 같은 각종 보호 장치로부터 격리된 채 실패의 위험을 고스란히 자신의 몫으로 받아들여야 한다. 출판사에서도 초벌 번역이나 교열 업무, 단순 원고 집필의 일부까지 외부의 개인사업자나 아르바이트생에게 맡긴다. 출판사 기획위원이라는 명함을 가진 이들이 기획과 필자 섭외, 원고 독촉, 원고 수정과 같이 책 한 권이 나오기까지의 전 과정을 담당하면서도 임금을 받는 출판사 직원이 아니라 책이 판매되는 대가로 인세의 일부를 받는 비정규직, 개인사업자로 일한다.

경제학에는 노동자는 위험을 싫어하고 고용주는 위험을 감수하므로 그 차이로 말미암아 고용주에게 많은 소득(이윤)이 돌아가는 것이 마땅하다고 주장하는 이론도 있다. 그러나 현실은 점점 그러한 이론으로는 설명하기 어려울 지경이 됐다. 노동자들도 위험을 스스로 감수해야 한다. 그에 따르는 실패의 책임도 스스로 부담해야 한다. 동시에 실패하건 성공하건 장시간 노동과 살인적인 노동강도에 시달려야 한다. 그러나 이들은 형식적으로는 노동자가 아니라 '자발적으로 계약을 맺는 개인'이다. 물류부터 생산에 이르는 모든 경제의 피라미드를 위는 대자본 몇 개가 장악하고 말단부는 이른바 유연한 형태의 노동과 자영업자로 취급되는 노동에게 맡긴다. 이것을 지금의 한국 사회가 극적인 모습으로 보여주고 있다.

유흥주점형 경제모델은 왜 위험할까

현재 한국 경제는 일종의 '유흥주점형 경제모델'로 바뀐 듯하다. 보통 룸살롱이라고 부르는 유흥주점은 업주-웨이터-마담-접대부로 이루어지는 위계로 이루어져 있다고 한다. 그런데 이들은 모두 고용인-피고용인의 관계가 아니라 개인과 개인의 관계로 구성되어 있다. 한국 경제를 유흥주점에 빗댄 것이 지나치게 선정적인 표현이라면, 폭력 조직이나 혁명적 전위 조직에 빗대야 할까? 피라미드형 계층을 유지하면서도 각 단계마다 중간 고리에 해당하는 이들을 제외하면 서로가 서로를 직접 지배하지 않는 방식, 심지어는 서로 잘 알지도 못하는 방식으로 조직이 굴러간다. 지금껏 이야기한 택배 기사, 택시 기사, 과자 납품 직원, 가구 배달 직원, 발렛파킹 업자 모두 이러한 피라미드의 아래쪽에 자리하는 이들이다.

스티븐 레빗은 《괴짜경제학》에서 '마약 판매상은 왜 어머니와 함께 살까?'라는 다소 엉뚱한 질문을 던진다. 레빗은 마약 판매 조직에서 거래 이익은 위계의 위쪽에 속하는 이들이 다 가져가고 맨 아래에 자리한 판매상은 돈을 많이 벌지 못하기 때문에 부모에게 얹혀 살 수밖에 없다고 분석한다. 범죄 단속이나 동업자들끼리의 살인, 폭력에 노출되는 이들도 모두 위계의 아래쪽에 자리한 계층이다. 유사시에는 말단부만 '꼬리 자르기'로 사라진다. 결국 '유흥주점형 경제모델'에서 비용을 절감하고 위험부담을 최소화한 덕에 늘어난 이익은 위로 솟구쳐 올라간다. 그리고 위험만은 그 반대 방향, 아래쪽으로 흘러 내려간다.

플랫폼경제는 노동의 수요를 늘릴까

정보통신기술의 발전에 따라 플랫폼 노동이 일반화하면서 '유흥주점형 경제모델'은 더욱 진화하고 있다. 비유적으로 말하자면, 수많은 마약 판매상과 마약 구매자를 하나로 묶어낸 플랫폼은 각각의 거래 단계에서 발생할 수 있는 자그마한 잉여마저도 남김없이 빨아들이는 능력을 발휘하고 있다.

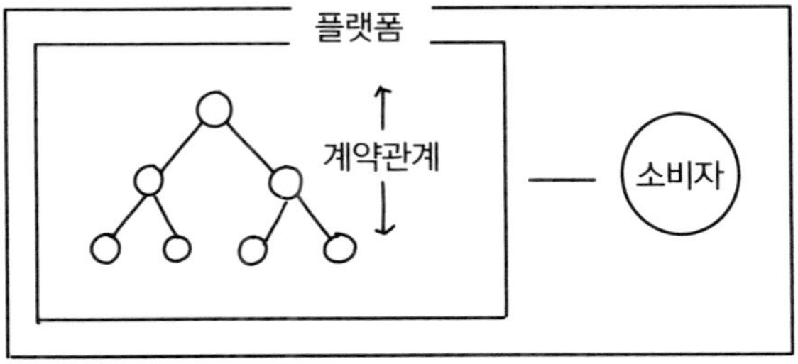

위 그림은 '유흥주점형 경제모델'이 진화한 플랫폼경제를 묘사한다. '유흥주점형 경제모델'의 각 단계에서 위쪽에 있는 주체는 아래쪽에 있는 주체와 (고용관계가 아니라) 계약관계를 맺고 잉여를 떼어간다. 간접고용에서 말하는 중간착취가 발생하는 이유도 이러한 메커니즘 때문이다. 간접고용은 노동자 입장에서 볼 때 노동계약의 상대방과 실제 노동을 지휘하고 통제하는 상대방이 다른 경우를 가리킨다. 예를 들어 대학의 청소 노동자는 해당 대학에서 직접 고용하지 않고 용역회사를 통해 간접적으로 고용한다. 대학과 용역회사는 고용관계가 아니라 거래계약을 맺는다. 청소 노동자는 실제로는 대학에 출근해 일하지만 대학 본부는 고용주가 아니다. 많은 경우 대학이 청소 노동자의 인건비를 용역회사에 지급하면, 용역회사는 비용 중 상당 부분을 노동자를 관리하고 유지하는 비용으로 제하고 나서 노동자에게 지급한다. 매 단계에서 갑을관계가 발생하고, 사회 전체적으로 볼 때 갑과 을의 투쟁이 아닌 을과 을의 투쟁이 문제가 되는 것도 이와 같은 구조 때문이다.

이제 플랫폼이 들어오면 그림의 각 단계에 있던 행위자들은 모두 거대한 플랫폼 속으로 끌려 들어간다. 각 단계에서 중간착취 형태로 존재하던 잉여조차 플랫폼이 장악할 가능성이 생겨나는 것이다. 그뿐만 아니라 소비자도 이 플랫폼으로 끌려오게 된다. 심지어 동네의 중국 음식점에서 짜장면을 주문할 때도 배달앱이라는 플랫폼을 이용할 수밖에 없는 상황이다. 중국 음식점 점주와 배달 노동자, 그리고 소비자는 이제 상호계약의 연쇄가 아니라 각자 플랫폼기업과 계약을 맺는 방식으로 거래하는 것이다.

다시금 경제학 교과서는 이 모든 과정을 '거래비용 절감의 논리적 귀결'이라는 건조한 용어를 사용해 설명한다. 여러 단계에 걸쳐 흩어져 있는 재화와 서비스 생산자들을 한데 묶음으로써 네트워크를 만들고 그로부터 이익을 얻을 수 있는 분야라면, 택배건 대리운전이건 모텔이건 가리지 않고 플랫폼은 작동한다. 일단 플랫폼이 성립하면 모든 잉여(이익)의 가능성은 위쪽으로 빨려 올라가고 그

빈자리는 위험이 채우게 된다. 당초 플랫폼은 소비자가 일일이 검색하는 정보수집비용을 줄여주고 일대일로 교섭할 때보다 유리한 가격을 제공함으로써 경제학에서 말하는 소비자잉여(워낙 커피를 좋아하거나 여유가 있어서 한 잔에 만 원을 내고도 커피를 살 의향이 있는 사람이 있다고 하자. 그런데 커피의 시장가격이 5000원이라면 굳이 만 원을 지불할 필요가 없다. 이때 그 사람은 만 원에서 5000원을 뺀 값, 즉 5000원어치의 심리적 만족을 얻는데, 이를 소비자잉여라 부른다)를 늘려주는 것이었다. 그렇지만 이 플랫폼이 커질수록 소비자들 또한 잉여를 착출당할 가능성이 커진다. 편하게 택시를 잡을 수 있는 서비스를 제공하던 기업이 사실상 독과점이 되자 실제 택시요금이 인상되었던 최근의 사건은 플랫폼경제의 미래를 상징하고 있다.

7장

내 일의 가치와 가치 있는 일의 관계

핵심 질문:

열심히 일하면
많이 놀 수 있을까?

노동력을 재생산하는 데도 투자가 필요할까

노동은 무엇보다도 먹고살기 위한 수단이다. 밥 벌어 먹고살 수 없는 '짓'은 노동이라 불리지 않는다. 자본주의사회에서 대부분의 사람들은 일하고 그 대가로 돈을 받아 자신의 일할 수 있는 능력을 유지한다. '노동력 재생산'이라는 경제학적 개념이 바로 그것이다. 그런데 사람이 필요한 최소량의 영양분만 섭취하고 얼어 죽지 않을 만큼만 추위로부터 보호받는다고 해서 '정상적으로' 재생산되는 것이 아니다. 사람은 사회적 존재이기 때문에 육체적 생존 못지않게 사회적 생존도 문제다. 남들이 다 갖고 있고 즐기는 그 무엇을 누리지 못한다면 살아도 사는 것이 아니다.

노동력 재생산도 마찬가지여서 경제가 성장함에 따라 정상적으로 노동력을 재생산하려면 투자도 늘려야 한다. 정상적인 노동력 재생산에 필요한 재화나 서비스가 점점 늘어나고 고급화하기 때문에 소득 수준이 높아진다 하더라도 삶의 질이나 만족감이 그만큼 높아지지는 않는다. 오히려 역으로 '정상적인 재생산'에 필요한 재화나 서비스의 목록이 자꾸 늘어나고 그것을 구입하느라 돈은 점점 부족해진다. 그리고 그 격차를 메우려면 점점 더 많이 일해야 한다. 이것이 경제성장에도 불구하고 삶이 더욱 팍팍하게 느껴지는 이유다.

노동력 재생산 그래프

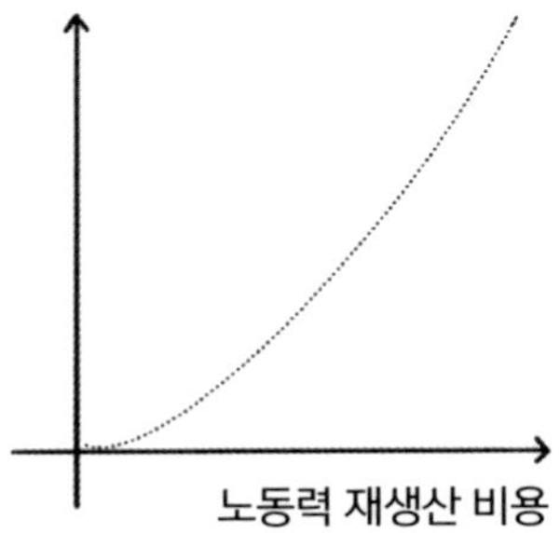

서비스업에서 점점 강화되는 감정노동도 이와 관련이 있다. '죽도록 일해서 겨우 먹고살기'를 실천할 수밖에 없는 이들이 존재하는 한 노동자들은 낮은 임금과 불안정한 고용조건을 감수할 수밖에 없다. 그리고 그 결과 친절이나 외모조차 노동력이 갖추어야 할 능력이 되고 만다.

우리가 삶의 대부분을 보내는 일터에서 즐거움이나 보람을 찾을 수 없다면 우리 삶은 도대체 무엇일까. 노동과 비노동(여가), 일과 놀이, 일터와 쉼터가 엄격하게 구분되지 않고 앞에 놓인 것들이 점점 뒤에 놓인 것들을 파먹어가는 흐름을 돌이킬 수 없다면?

출산장려는 노동정책일까

노동력의 재생산이 꼭 먹고 마시는 일에만 관련되는 것은 아니다. 재생산이라는 말의 뜻 그대로 후속 세대, 적나라하게 말하자면 내 노동을 이어받아 노동할 수 있는 세대의 생산까지 포함한다. 이러한 후속 세대를 생산하는 데에 육아와 의료가 반드시 필요하다. 한국 사회는 아직도 여성 노동자가 쉽게 아이를 낳고 키울 만한 환경을 갖추지 못했다. 그래서 중년이나 노년까지 일하는 여성은 크게 두 부류만 남는다. 하나는 의사나 변호사, 교수처럼 오랜 시간에 걸쳐 이른바 인적자본 투자가 필요한 부류다. 다른 하나는 경력이나 교육 기간이 그다지 필요하지 않아 노동의 계층 피라미드 아래쪽에 속하는 부류다. 나머지 대부분의 여성은 결혼이나 출산으로 말미암은 경력 단절을 극복하지 못하고 노동시장 바깥으로 사라지고 만다. 사실 사정이 좋은 부류에 속한 여성들도 그 커리어를 얻고 유지하기까지 보이지 않는 누군가의 희생을 제물로 삼은 '상처 많은 영광'인 경우가 많다. 보모를 고용할 수 있을 정도로 풍족한 계층을 제외하면 육아는 대개 친정어머니 몫이다.

자본은 고용하기에 적합한 노동을 만들어내려고 저마다 대학 같은 교육기관이나 국가까지 이용한다. 그렇다면 반대급부로 자본에게 그 노동을 유지하는 뒷받침 역할을 맡아 달라고 요구하더라도 무리는 아닐지 모르겠다. 그러나 현실은 그렇지 못하다.

한국 직장인은 왜 교외에 살까

언젠가 강남역 근처 독일식 맥줏집에 들어간 적이 있다. 한국에 그렇게 넓은 맥줏집이 있다는 사실에도 놀랐지만, 도대체 이 많은 사람이 다 어디서 쏟아져 나왔을까 궁금할 정도로 손님들로 꽉 차 있었다. 손님 대부분은 거의 모두 같은 세대라고 말해도 지나치지 않은, 비슷한 또래의 청춘남녀들이었다. 그런데 정작 놀라운 일은 밤 11시쯤 벌어졌다. 그토록 즐겁게 맥주를 마시며 떠들던 손님들이 밤 11시가 되자 썰물처럼 빠져나갔다. 맥줏집을 나올 때까지도 나는 사태를 제대로 파악하지 못했다. 대로변에 나서자 택시를 잡으려는 수많은 인파가 눈에 들어왔다. 인파에 못지않게 많은 택시가 물결치듯 몰려왔다. 하지만 대부분의 택시가 서울 외곽 위성도시로 나가는 승객을 고르면서 승차를 거부하고 있었다. 이날 풍경과 비슷한 경험을 몇 번 하면서 새로이 알게 된 사실이 몇 가지 있다. 젊은 직장인 대부분이 대중교통으로는 한 시간 가까이 걸리는 곳에 살고 있다는 것, 그러므로 다음 날 새벽에 다시 출근하려면 아무리 흥에 겨워도 전철이나 광역버스가 끊기기 전에는 자리를 털고 일어나야 한다는 것, 그리고 대중교통 승차에 실패한 이들은 사납금 채우기에 허덕이는 택시 기사의 중요한 고객이라는 것이었다.

도시경제학이 알려주는 바에 따르면 정해진 시간에 출퇴근할 필요도가 덜하고 경제적 여유가 있는 계층일수록 가급적 도심에서 멀리 떨어진 외곽에 좋은 집을 짓고 살아간다. 반면 먹고살기에 급급한 계층일수록 도심과 가까운 곳에 살아야 한다. 한창 붐비는 러시아워에 출퇴근하려면 통근 거리가 짧아야 하기 때문이다. 그뿐만 아니라 일자리와 가까운 곳, 그러니까 돈이 몰려 있는 곳 근처에 살아야 먹고살 수 있기 때문이기도 하다. 그러나 인구밀도가 높고 주거 형태가 대개 아파트나 빌라 같은 공동주택이기 때문일까? 한국에서는 이러한 도시경제학 이론이 적용되지 않는다. 경제력 격차는 한편으로는 세대 간 격차로도 나타난다. 한국의 젊은 직장인들은 도심에서 멀리 떨어진 곳에 살면서 왕복 두세 시간이 걸리는 거리를 많은 출퇴근비용을 부담하며 다녀야만 한다.

회사의 금연 정책은 정말 사원의 건강을 위해서일까

사실 노동력 재생산이라는 개념은 객관적으로 규정하기에는 모호한 측면이 있다. 하루 세 끼 꼬박꼬박 균형 잡힌 식사를 하는 것처럼 육체노동자에게나 정신노동자에게나 노동력을 정상적으로 유지하는 데 도움이 되는 일은 모두 노동력의 재생산이라 규정할 만하다. 그렇다면 점심식사 후에 스타벅스에서 커피를 마시는 것은 노동력을 재생산하는 것일까? 오전에 일하면서 쌓인 스트레스를 동료와 잡담을 나누며 날려버리고 오후에 산뜻한 마음으로 일하려는 목적이라면 당연히 그렇다. 그러나 커피를 많이 마시면 건강에 좋지 않다는 사실은 잘 알려져 있으니 장기적으로 보면 도리어 건전한 노동력을 갉아먹는 행위일 수도 있다.

좀 더 극단적으로 담배나 술은 어떨까? 힘든 육체노동 중간중간, 또는 어이없는 상사의 잔소리에 밀려드는 스트레스를 풀어보고자 담배 한 개비를 피워 문다면 이는 노동력 재생산에 도움이 되는가, 아니면 해가 되는가? 이미 오래전부터 사원들에게 금연 서약을 받고 흡연 사실이 발각되면 승진에 불이익까지 주는 회사도 있었다. 사원들의 건강을 염려하는 선의도 있을 테지만 냉정한 논리로 보자면 사원의 노동력을 유지, 확보하면서 담배 피우는 시간만큼의 노동 시간 손실을 줄이는 효과를 얻기 위해서기도 하다. 담배 한 개비 피우는 동안 일을 하지 않아 날아가는 회사의 비용을 직급별로 흡연실 앞에 써 붙여놓아 화제가 된 기업도 있었다. 기발한 생각인 듯 싶지만 실은 노동 시간 손실을 막기 위한 자본의 투쟁은 자본주의만큼이나 역사가 오래되었다.

금연 정책과 회사의 이익 관계

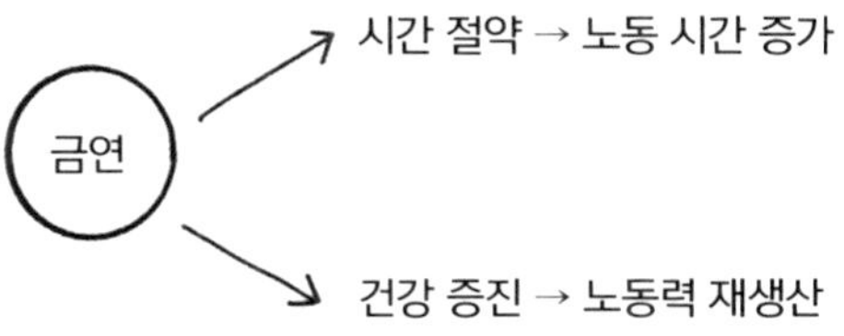

〈모던 타임즈〉에는 노동자가 일하는 동안 자동으로 밥을 먹여주는 기계가 등장한다. 그러나 영화 속에서 우스꽝스럽기 그지없던 이 장면은 현실에서 웃음의 소재가 될 수 없을 정도로 절박하게 재현된다. 심지어 고액 연봉을 자랑하는 월스트리트의 펀드매니저들조차 햄버거와 콜라로 점심을 때우면서 눈을 모니터에서 한순간도 떼지 못한 채 키보드를 두드리고 있다.

주52시간 노동의 디폴트값은 무엇일까

자본주의의 역사는 어떤 의미에서는 노동 시간 단축의 역사였다. 5월 1일, 이른바 메이데이도 지금은 상식인 하루 여덟 시간 노동을 얻어내고자 어린 소녀까지 총에 맞아 죽어야 했던 사건을 기념하는 날이다. '공산괴뢰도당'이 선동하는 날이라는 이유로 한때 한국에서는 오랫동안, 족보에도 없는 3월의 어느 날을 '근로자의 날'로 삼았었다.

주52시간 노동을 법제화한 뒤로 많은 현장에서 반대의 목소리를 냈다. 고용주인 기업은 산정 기간을 현실화하자고 주장한다. 주 단위로 계산되는 노동 시간을 월 단위 혹은 그 이상으로 잡으면, 일감이 몰릴 때는 더 많은 시간을 일하고 일감이 적을 때는 노동 시간을 줄일 수 있다는 계산이다. 제도가 엄격하게 시행되는 공공기관 등에서는 심지어 노동자도 그것을 원한다고 주장하기도 한다. 사실상 자신이 맡은 일을 52시간 안에 다 할 수 없는 조건하에서는 공식적으로는 퇴근하였으되 실제로는 일하는 경우도 있다는 것이다. 정보통신 관련 벤처기업이나 연구직처럼 일과 여가가 명확하게 구분되지 않는 경우에는 '주120시간 노동'이라도 가능하게 해줘야 한다는 주장까지 공공연하게 나왔다.

이러한 주장의 가장 큰 맹점은 해야 할 일의 양과 고용된 노동자의 숫자를 고정해놓고 얘기한다는 것, 경제학자들이 흔히 말하는 '정태적 논의', 즉 시간의 흐름에 따라 일어나는 변화를 고려하지 않고 주어진 시점에서만 파악한 주장이라는 데에 있다. 마치 19세기 경제학자들이 어느 시점에서 노동자들에게 지불 가능한 사회 전체의 임금 총액, 즉 기금은 고정돼 있기 때문에 특정 노동자들이 임금 인상을 요구하는 것은 다른 노동자들의 임금 삭감을 전제할 수밖에 없으므로 무의미하다고 주장했던 '임금기금설'과 비슷한 논리다. 일종의 '노동시간기금설'이라 해야 할까?

토요일 휴무제를 실시할 때도, 대체휴일제 도입을 논의할 때도,

어김없이 등장하는 주장이 아마도 어떤 경제학자가 계산했을 '경제효과 몇십조 원'이라는 숫자(물론 손실이므로 마이너스 값이다)였다. 지렛대만 준다면 지구도 들어 올릴 수 있다던 아르키메데스를 패러디하자면, 난 엑셀 프로그램만 있으면 몇백조 원도 만들어낼 수 있다. 이러한 논리들도 마찬가지로 예의 노동시간기금설에 기초한 셈이다.

논리를 반대로 뒤집어보자. 예를 들어 휴일이 일요일과 겹치면 노동자로서는 애초에 쉬어야 할 시간을 일하는 셈이니 자본가 입장에서 보면 일종의 '바람에 실려 날려온 뜻밖의 이득(윈드폴)'이다. 대체휴일을 도입함으로써 '손실'을 입는다고 보는 입장은 결국 '윈드폴'을 시스템에서 저절로 주어져 있는 값, 이른바 디폴트값으로 간주하는 것이다. 그러나 노동의 관점에서 디폴트값을 잡는다면, 공휴일과 주말이 겹침으로써 노동자들은 몇십조 원씩을 더 생산해 고용주에게 선물하는 셈이다. 그러므로 주52시간 근무제를 '유연화'하자는 것은 제도 실시 이전의 상태를 디폴트값으로 간주하려는 자본의 의도가 고스란히 드러나는 주장이다.

무엇을 디폴트 값으로 간주하는가라는 문제에 '객관적'인 해답은 없다. OECD국가 중 최저 수준의 노동 유연성이라는 주장에는 반대로 최고 수준의 장시간 노동이라는 논리로 반박할 수 있기 때문이다. 노동 유연성 요구를 엑셀 놀음으로 뒷받침하는 경제학자들의 대다수가 결코 유연하지 않은, 안정적인 일자리를 보장받고 있는 이들이라는 사실은 사족일 따름이다.

일하려고 일하고 있는 건 아닐까

임금은 노동력 재생산을 위한 수단일까? 아니면 거꾸로 노동력의 재생산 수준 자체가 먼저 설정되고 임금은 허겁지겁 뒤따라가는 것일까? 골치 아픈 경제학의 임금 이론은 잠시 제쳐두기로 하자. 우리는 무엇을 먹고 무엇을 입을지, 여가는 어떻게 보낼지를 결정하고 월급을 지출하는가, 아니면 반대로 돈을 써야 할 항목이 먼저 정해져 있고 월급으로는 그것들을 메우느라 급급한가? 월급에서 근로소득세나 의료보험료를 비롯한 각종 공제 금액이 먼저 빠져나가고 남은 돈만 내 손에 들어오듯이, 명목상으로는 내 월급이지만 내 자유의지와 무관하게 빠져나가는 '노동력 재생산비용'은 없을까? 원인과 결과가 뒤바뀌어 소비 지출이 먼저 설정되고 이를 충족하지 못하면 노동력 재생산이 불가능하게 된 것은 아닐까? 여가를 즐기며 소비하려고 일하는 것일까, 아니면 일하기 위해 소비하고 다시 그 소비를 충당하기 위해 일하는 것일까?

이러한 질문의 답은 명확하다. 이미 개인의 자발적 의지로 통제할 수 있는 한계를 넘어 사회 구조적으로 강제되는 지출이 정해져 있다. 이것이 바로 경제성장에도 불구하고 우리 삶이 그다지 풍요로워진 느낌이 들지 않는 이유이자 생활을 현상 유지하기 위해서라도 끊임없이 돈을 벌고 일해야 하는 중요한 이유가 되었다. 점심식사로 지하철역 구내식당에서 5000원짜리 백반을 먹고 편의점 커피를 마시는 대신 만 원짜리 파스타를 먹고 6000원짜리 카푸치노를 마신다고 해서 노동력 재생산이 훨씬 더 원활하게 이루어진다거나 생활이 대단히 풍요로워졌다고 느껴지지는 않는다. 이동통신이 없던 시대에 살다가 온갖 기능으로 무장한 스마트폰이 생기면 확실히 삶은 비교할 수 없을 만큼 편리해진다. 그러나 그 편리함이 새로운 기준으로 자리 잡아버리고 나면, 다시 말해 30대 초반의 직장인이라면 누구나 스마트폰을 가지고 있어야 한다면 그 소비는 이미 선택이 아니라 필수다. 물론 무소유의 철학을 실천하며 느리게 살기, 가볍게 살기 따위의 가치를 뚝심 있게 밀어붙일 수 있는 도인이라면 이야기는 달라진다. 하지만 우리 대부분은 그러지 못할 것이다.

제아무리 정의로운 사회운동도 개인의 욕망을 초월한 도인이 되라고 요구해서는 성공할 수 없다. 이는 수없이 되풀이되어온 역사

의 교훈이기도 한다. 이를테면 모든 사람이 스타벅스에 갈 수는 없는 세상, 즉 가진 자는 가고 없는 자는 가지 못하는 세상을 모든 사람이 편의점 커피만 마시는 세상으로 바꾸려는 시도는 무망한 것이다.

대니얼 마코비츠는 《엘리트 세습》이라는 책에서(원서 제목은 《능력주의의 함정The Meritocracy Trap》) 능력주의 경쟁에서 승리한 월스트리트의 변호사나 금융기업가들도 엄청나게 오랜 시간 동안 노동을 하고 살인적인 경쟁에 시달린다는 점을 지적한다. 과거 신분제사회에서 귀족계급은 많은 여가를 즐기고 적게 노동하는 게 특징이었다. 이제 그러한 특징은 오히려 저소득층의 전유물이 되어가고 있다. 어쨌거나 저임금에 허덕이는 중소기업 노동자가 통신비나 프랜차이즈 커피값으로 소득의 상당 부분을 지출하는 현상, 그 소비를 위해 더욱 절망적으로 일할 수밖에 없는 현상, 그럼에도 삶이 더 윤택해졌다고는 느끼지 못하는 현상, 이러한 현상은 이미 우리 곁에 성큼 다가와 있다.

노동 환경은 누가 선택할 수 있을까

내가 학교가 아닌 데에서 직장생활을 한 경험이라고는 어디 가서 명함을 내밀기도 창피할 정도로 겨우 2년 남짓 두 군데 회사에 다닌 게 고작이다. 그런데 두 직장은 제법 극명하게 대조를 이루는 곳들이었다. 하나는 공기업이었고 다른 하나는 이른바 대기업 집단의 계열사, 즉 전형적인 사기업이었다. 짧은 개인적 경험이라 일반화할 수는 없겠지만 급여는 사기업이 훨씬 많았고 일의 양은 공기업이 훨씬 적었다. 사실 첫 번째 직장인 공기업에 입사한 당시에는 예상했던 것보다 급여가 너무 적다는 사실을 확인한 뒤로 마음속 깊이 불만을 숨기고 살았다. 그러다가 내가 그리던 만큼 보수를 주는 두 번째 직장으로 옮기고 나서는 '나는 이 정도 보수는 충분히 받을 만하다', 심지어는 '더 받아 마땅하다'고 생각할 정도로 일의 양이 많아졌다.

일자리를 선택할 때 임금의 크기, 즉 노동의 대가로 얼마나 많은 돈을 벌 수 있는가 하는 요인을 무시할 수 없다. 그런데 똑같은 시간을 일하더라도 얼마나 '빡세게' 일하느냐, 바꾸어 말하면 노동 강도가 얼마나 강한가 하는 점도 매우 중요한 고려 사항이다. 절대적인 빈곤 수준을 벗어나지 못한 노동자라면 최소한의 생활비를 버는 것이 절체절명의 과제일 테니 일의 양이나 강도를 당장에는 무시하는 수밖에 없을지도 모른다. 서양의 산업혁명 시기나 한국의 경제개발연대(開發年代)에 하루에 열 몇 시간씩 노동을 하고도 모자라 휴일을 마다하지 않는 잔업과 특근이 일상적으로 이루어진 까닭은 노동자 권익이 보호되지 못했기 때문이기도 하지만 그렇게 해서라도 돈을 벌어야 할 노동자가 많이 있었기 때문이기도 하다.

그런데 신기하게도 경제학 교과서에는 노동 강도에 관한 언급이 없다. 물론 전문적인 학술 연구에서조차 경제학자들이 노동 강도 문제를 완전히 무시하는 것은 아니다. 임금뿐 아니라 노동자들의 노력(Effort) 수준을 고용주와 노동자 간 벌여야 할 중요한 교섭 대상이자 갈등의 대상으로 파악하는 이론도 있다. 그러나 적어도 경제학원론이나 미시경제학 교과서는 노동 강도 문제는 무시하거나 짧은 각주 정도의 비중으로만 다룬다.

이미 1장에서 말한 것처럼 경제학 교과서에는 아예 노동자라는 경제 주체가 등장하지 않는다. 노동이라는 생산요소를 공급하는 어떤 사람으로서만 존재할 뿐이다. 그런데 이 노동 공급자는 경제학의 일반 원리에 따라 '주어진 제약하에서 자신의 목표를 극대화하는 선택을 한다'라고 설명된다. 그리고 노동자에게 주어진 제약이란 하루 24시간이라는, 누구에게나 똑같이 주어지는 시간의 한계를 가리킨다. 그렇다면 노동 공급자의 선택이란 바로 24시간 중에서 몇 시간을 노동하고 몇 시간을 노동하지 않느냐뿐이다. 만약 시간당 만 원을 받는 노동자가 하루에 열 시간 일하기로 선택한다면 일당으로 10만 원의 소득을 얻겠다고 결정하는 것이다. 그리고 일하지 않는 시간, 즉 경제학 교과서에서 '여가(Leisure)'라고 부르는 시간은 하루 24시간에서 일하는 시간을 뺀 크기로 결정된다. 누구나 일하지 않는 시간이 많은 상태를 좋아하리라 가정하기 때문에 여가의 양을 늘리는 것도 노동 공급자의 목표 가운데 하나다.

정리해보면 주어진 시간 제약 속에서 돈을 많이 버는 것과 여가를 많이 즐기는 것이 '서로 다른 방향으로 달려가는 두 마리 토끼'처럼 상충하는 목표가 된다. 노동 공급자는 합리적으로 판단해 가장 적절한 수준으로 노동 시간을 결정한다. 노동 시간이 결정되면 당연히 일당도 결정되며 여가 시간도 결정된다. 그러므로 이러한 묘사 속에서 노동의 질 문제는 일단 고려 대상에서 빠지게 된다.

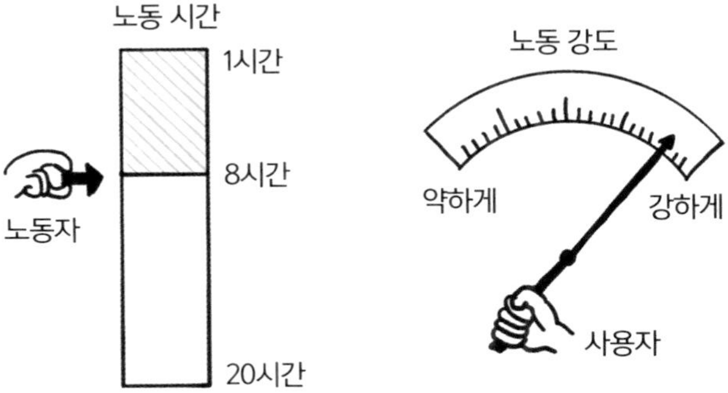

노동을 결정하는 손

그렇지만 어떤 작업 환경에서 일하느냐, 얼마나 많은 양의 일을 하느냐는 노동자에게 매우 중요한 고려 사항이다. 좀 더 적나라하게 표현하자면 노동자들은 두 가지 선택지 중 하나를 골라야 한다. '적게 받고 널널하게 일하기'와 '많이 받고 죽도록 일하기'. 이를테면 대학생들이 급여 수준이 낮은 데다 자격 요건이 고졸에 지나지 않는 낮은 직급이라도 공무원이 되기를 선호하는 경향은 '적게 받더라도 널널하게 일하기'를 원하기 때문일지도 모른다(최근에는 '안정적'이라는 조건이 더 우선하기는 한다). 사실 이러한 두 가지 유형 중 하나를 선택한다는 것조차 한가로운 걱정일지도 모른다. 모든 이들이 공무원시험에 합격하기란 불가능하기 때문이다.

더욱 중요한 사실은 우리의 현실 속에는 빡세게 일하고도 적게 받지만 '어쩔 수 없이 죽도록 일해서 먹고살기'라는 범주에 속하는 노동자도 꽤 많다는 것이다.

노동자 감시는 왜 강화될까

오래전 한국 최고라는 재벌 그룹 계열사 신입사원이었던 친구로부터 직접 들은 이야기다. 그 회사에서는 사원들에게 회사 건물 근처 동네에서 술을 마시거나 당구장에 출입하는 것을 삼가라고 '권고'했다고 한다. 더욱이 이를 감시하는 암행 감사가 돈다는 소문도 있었단다. 권고에는 여러 가지 근거가 있을 수 있다. 만약 사원이 술을 마시고 소란을 피운다거나 불미스러운 사건에 휘말린다면 회사 이미지와 평판을 떨어트려 장기적으로 영업 실적에 타격을 줄 수도 있다. 그러니 이를 미리 막아보자는 의도도 있었음직하다. 다만 당시 물정 모르는 대학원생이었던 내가 받은 첫 느낌은 이랬다.

> 아니, 대학까지 졸업한 성인들을 회사가 무슨 권리로 생활지도까지 하나?

돌이켜보면 오래전 내 또래가 중고등학교를 다닐 무렵 학생주임이나 생활지도 교사들은 학교 근처 영화관이나 전자오락실, 중국음식점 등에서 '학생답지 못한 행동'을 하는 학생을 단속하러 다니곤 했다. 그러나 재벌기업이건 중고등학교건 이렇게 현장을 몸소 발로 뛰며 하는 생활지도는 아날로그 시대의 에피소드가 되고 만 듯하다. 정보통신기술이 눈부시게 발전한 덕분에 훨씬 세련된 형태로 '생활지도'를 할 수 있게 되었기 때문이다.

약간 과장해서 말하자면 인류가 얻어낸 과학기술 대부분은 애초에 두 가지 목적과 의도에서 비롯되었다. 하나는 전쟁(누군가를 효율적으로 죽이기 위한 목적), 다른 하나는 노동 통제(누군가를 효율적으로 일 시키기 위한 목적)이다. 사회과학이나 인간과학의 영역에 속하는 심리학이나 인류학조차 자본의 논리와 효율적 노동 통제라는 목적과 결부된다. 예를 들어 20대 여성의 흡연 동기를 연구하는 심리학 프로젝트가 담배회사로부터 연구비를 받았다면, 이는 결국 제품의 새로운 소비층을 확장하려는 이윤 동기와 연결될 수밖에 없다. 외국인 노동자의 특성을 연구하는 인류학 프로젝트가 외국인 노동자를 많이 고용하는 기업으로부터 연구비를 받은 것이라면, 이 역시 효율적으로 일을 시킬 방법을 염두에 둔 것일 수밖에 없다.

효율적으로 일을 시키려면 먼저 명목상으로는 일하되 실제로는 일하지 않는 시간을 줄인다. 찰리 채플린이 〈모던 타임즈〉에서 상상력으로 만들어낸 CCTV는 지하철역 구내부터 아파트 엘리베이터에 이르기까지 이미 우리 일상에서 피해갈 수 없는 존재가 되어 버렸다. 전자 신분증을 목에 걸고 사무실 입구를 통과하는 시각, 업무용 컴퓨터에 로그인하는 시각 등으로 출근 시간을 자동적으로 체크하고 통제할 수 있게 되었다. 언젠가 프로젝트 심사위원 자격으로 어느 연구기관에 갔다가 잠시 틈을 내 심사용 노트북으로 인터넷 서점에 접속했더니 "음란 및 상업 사이트에의 접근을 금지합니다"라는 경고문이 뜨는 바람에 화들짝 놀랐던 기억이 있다. 업무 시간에 페이스북을 하다가 해고된 인턴사원의 이야기를 신문에서 읽은 기억도 난다. 어느 정도 규모가 되는 대기업에서는 이미 직원이 증권 사이트나 게임 사이트는 물론 자기 회사에 비판적인 견해를 가진 시민단체 사이트조차 접속할 수 없도록 중앙에서 통제한 지도 이미 오래다.

길거리를 돌아다니며 우편물을 배달하는 노동자도, 병실을 돌아다니며 환자를 돌보는 간호사도, 해외 출장길에 오른 사무직 노동자도 삐삐에서 PDA로 다시 스마트폰으로 진화한 개인용 통신기기를 이용해 자신이 일을 수행한 결과를 그때그때 기록해야 하고 이를 통해 새로운 업무 지시를 받기도 한다. 이메일로 새로운 업무나 업무 수정 지시를 받고 스마트폰을 이용하여 작업하는 경우도 흔히 볼 수 있다. 예전에는 원고를 손으로 써서 기껏해야 팩스로 보내면 일이 끝나던 기자들도 취재 장소에 노트북을 들고 다니면서 원고를 보내고 심지어는 현장에서 직접 편집 작업까지 마쳐 송고하기도 한다. 성적 처리 결과를 손으로 써서 학과 사무실에 넘겨주기만 하면 되던 교수들도 이제는 학교 전산망에 접속해 직접 성적을 입력해야 한다. 학교 전산망 접속은 굳이 학교에서뿐 아니라 집에서도, 출장지에서도 가능하다. 매우 편리해졌다. 하지만 그 편리한 동전의 뒷면은 그만큼 업무 시간-공간과 비업무 시간-공간의 구분이 모호해진 현실이다.

일이 일하지 않는 시간도 통제할까

일본 고속철도인 신칸센이 달리기 시작한 후 나타난 가장 중요한 효과 중 하나는 노동자들의 노동 강도가 증가한 것이라고 한다. 이전에는 오사카에서 도쿄로 출장 가는 직장인들이 일정을 최소한 1박 2일로 잡았다. 오가는 시간은 많이 걸리더라도 하룻밤 정도는 출장지에서 여유 있게 휴식을 취할 수 있는 시간이다. 그런데 고속철도 때문에 세 시간 남짓이면 도쿄-오사카를 이동할 수 있게 되면서 간단한 출장은 대부분 당일치기로 바뀌어버렸다. 이른 아침에 신칸센을 타고 도쿄에 출장을 간다. 그러고는 오후 늦게 오사카로 돌아와 회사에 업무 보고를 한다. 이 일정은 정상적인 여덟 시간 근무만으로는 소화할 수 없기 때문에 사실상 연장 근무다. 이동거리가 훨씬 짧은 한국의 상황도 다르지 않을 것이다.

무선호출기가 거의 유일한 이동통신 수단이던 시절, 받기 싫은 사람의 연락을 따돌리는 전형적인 팁 중 하나는 '삐삐가 터지지 않는 곳에 있었다'라는 거짓말이었다. 상대는 싫증을 느낀 이성 친구일 수도, 귀찮은 거래 상대일 수도, 업무 시간을 넘겨 일을 시킬 것이 분명한 직장 상사일 수도 있었다. 그러나 정보통신기술은 이제 그러한 거짓말이 통하지 않을 만큼 발전했다. 이메일이나 카카오톡, 자동 로밍 국제전화는 한시라도 떨어져 있고 싶지 않은, 그러므로 끊임없이 소통하고 싶은 욕구의 대상과 언제 어디에서나 연결해 주는 고마운 존재이기도 하지만 다른 한편으로는 공장이건 사무실이건 연구실이건, 작업장을 벗어난 노동자의 개인적 삶을 더욱 촘촘히 통제할 수 있는 수단이기도 하다.

임금이 그때그때의 노동에 대한 그때그때의 보상이라는 원칙이 강화되는 것과는 오히려 반대로 노동계약은 주어진 시간 동안 주어진 장소에서 일하는 것이라는 전통적 원리가 무너졌다. 이탈리아의 철학자 안토니오 네그리의 '사회적 공장'이라는 개념이 바로 이러한

통제의 범위

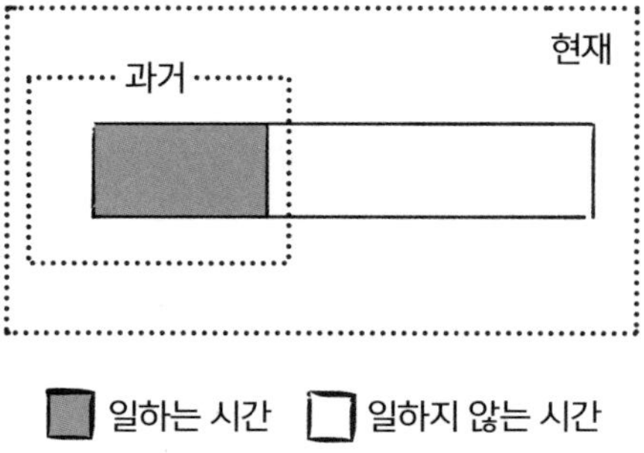

현실을 말한다. 자본은 이제 작업장 안에서의 시간뿐만 아니라 생활 속의 시간, 개인적 삶의 시간까지도 통제할 수 있게 되었다.

국가가 개인의 삶을 통제하는 것을 자유주의자들은 강력하게 반대한다. 예를 들면 간통죄라든가 대마초 흡연에 대한 규제 같은 것들이다. 1970년대 군사정권 시절 남성의 장발이나 여성의 미니스커트 단속은 그 극단적인 형태였다. 이제 그러한 방식의 규제는 박물관에 진열된 화석 같은 신세가 되었다.

그러나 다른 한편으로 기업, 자본이 노동자의 생활과 삶을 규제하고 간섭하는 행태는 사회가 진전되면서 오히려 강화된다. 우리는 자신의 국가를 선택할 수는 없지만(불가능하지는 않더라도 매우 어렵지만) 자신의 고용주를 '선택'할 수는 있다. 그러므로 자신이 선택한 기업에 의한 삶의 규제는 이른바 '자발적인 선택'이라는 역설을 맞게 되었다.

자동차 관련 기업에서 국제 영업을 담당하는 대학 동기가 있었다. 그 친구는 많을 때는 1년에 수십 차례 동유럽과 중남미 지역으로 출장을 다녔다. 나중에는 하늘 위로 날아가는 비행기만 봐도 구토가 날 지경이라고 했다. 그는 국내에 있을 때는 물론 출장 중에도 틈틈이 헬스클럽을 찾아 운동을 했다. 건강을 유지하지 않으면 일하는 것 자체가 불가능해지기 때문이라고 쓴웃음을 지으며. 그는 매우 높은 직위에 오른 출세한 직장인이었기 때문에 회사에서 경비를 지원하는 특급 호텔의 운동 시설을 이용했다.

우리가 출세하려는 이유는 무엇일까? 쾌적한 시설의 특급 호텔을 이용할 수 있는 것도 출세가 가져다주는 하나의 부대적인 편익임에 틀림이 없다. 그러나 좋은 시설을 이용하는 것이 결국 일을 제대로 할 수 있는 몸을 만들기 위한 것이라면? 노동을 통제해 일에만 몰두하게 만드는 차원을 넘어 일상의 모든 시간을 자본이 통제한다. 여가라 여겨지는 시간도 결국 일에 종속된 시간과 활동이 되었고 이제 일과 삶의 관계가 역전돼버렸다. 삶을 위해 일이 존재하는 것이 아니라 거꾸로 일을 위해 삶이 존재하게 된다.

택시 기사는 왜 노상방뇨를 할까

낮은 소득을 벌충하려는 목적의 강도 높은 노동은 인간으로서의 자존감까지 갉아먹을 수 있다. 내가 자주 저녁 산책을 다니던 공원 옆 담벼락에서는 늘 지린내가 심하게 났다. 마침내 어느 날부터 '소변금지'라는, 향수를 불러일으키는 벽보까지 나붙기에 이르렀다. 벽보가 범인으로 지목한 이는 뜻밖에도 택시 기사들이었다. 그로부터 한참 뒤 택시를 타고 장거리를 이동하던 나는 기사로부터 '노상방뇨의 개연성과 현실적 불가피성'에 관한 이야기를 들을 수 있었다. 말인 즉슨, 시내에 있는 빌딩은 대부분 화장실을 개방하지 않는다. 요행히 드나들 수 있는 화장실이 있다고 해도 화장실에 다녀오는 동안 불법주차 딱지라도 떼이면 하루 벌이를 고스란히 과태료로

물어야 한다. 그러니 가능하면 용변을 참고, 정 급하면 한적한 곳에서 노상방뇨를 한다는 이야기였다. 기사는 이런 이야기를 들려주고는 뒤이어 기사식당의 가장 인기 있는 메뉴가 돼지불백(불고기백반)인 이유를 아느냐고 물었다. 모른다고 하니 국물이 있는 음식을 먹으면 화장실을 더 자주 가야 해서 국물 없는 메뉴를 선호하게 됐다고 답해주었다. 이쯤 되면 여공들이 화장실 가는 시간을 줄이기 위해 구내식당에서 국물 있는 식단은 제공하지 않았다는 1970년대 전후의 개발연대 공단의 괴담 수준과 다를 바가 없다(개정판을 쓰던 중에 나는 우연히 과거에 살았던 이 동네에 들르게 되었다. 다행히도 예의 '소변금지' 벽보 뒤편에 시에서 만든 공중화장실이 세워져 있었다. 그러나 예전엔 상시 개방되던 맞은편 상가 건물의 화장실은 길 건너 공중화장실을 이용하라는 벽보가 붙은 채 굳게 잠겨 있었다).

검색 한 번이 택배 기사를 압박할까

한편으로는 대문 앞까지 가져다주는 편리함에, 다른 한편으로는 최신 베스트셀러가 아닌 한 원하는 책을 사려면 시내 대형 서점까지 찾아갈 수밖에 없다는 구조적 문제 탓에, 출판 생태계를 파괴한다는 비판에 은근히 신경 쓰면서도 이미 초창기부터 인터넷 서점에서 책을 자주 샀다. 소비자 입장에서 인터넷 서점이 가져다주는 이런저런 할인 혜택 못지않게 큰 이점이 바로 '당일 배송'이다. 오전

11시까지만 '주문하기'를 클릭하면 그날 안으로 책이 손에 들어온다. 그런데 언제부터인가 열 번에 일고여덟 번의 비율로 내가 집에 있는데도 책은 아파트 경비실에 맡겨지곤 했다. 추운 겨울날 잠옷을 외출복으로 갈아입고 수위실까지 가서 책을 받아오는 일이 되풀이되자 화가 나기 시작했다. 때로는 책이 밤 11시 57분에 수위실에 맡겨진 경우도 있었다. 어쨌든 자정이 되기 전에 도착했으니 글자 그대로 '당일 배송' 원칙은 지켜진 셈이다.

이 상황을 이해하는 데까지는 제법 시간이 걸렸다. 아마도 성미 급한 소비자가 나만은 아닌 듯했다. 언제부터인가 인터넷 서점 사이트에는 내 책을 배송하는 택배 기사의 현재 위치를 그래픽으로 보여주는 기능까지 생겨났다. 컴퓨터 화면에는 우리 집 근처 서너 개 동을 담당하는 택배 기사의 휴대전화 번호가 떠 있고, 그가 오늘 배달해야 할 수많은 노란색 동그라미 사이에 내 위치가 빨간색 동그라미, 택배 기사의 현재 위치는 파란색 동그라미로 표시되어 있었다. 놀랍게도 점심나절이었는데도 택배 기사가 오늘 안으로 들러야 할 곳은 100군데 넘게 남아 있었고 나는 그중 70번째 정도의 위치였다. 그리고 다음과 같은 내용이 친절히 설명돼 있었다.

> 구간 평균 이동 시간은 통상 10~15분입니다. 다만 교통 상황에 따라 늦어질 수 있습니다.

기계적으로 계산해도 하나 배송하는 데 10분이 걸리고 그날 배송해야 할 물건이 100개니 그가 그날 일하는 데 걸리는 시간은 1000분, 열여섯 시간을 훌쩍 넘어선다. 정상적인 하루 노동 시간의 두 배가 넘는다는 뜻이다. 나는 비로소 '당일 배송'이 자정 직전에야 이루어지는 까닭을 알았다. 또한 내가 경비실로 내려가서 책을 찾는 번거로움을 감수한다면 택배 기사의 보이지 않는 노동 시간을 적어도 5분 정도는 아껴줄 수 있음을 깨달았다.

이렇게 낮은 소득과 장시간 노동이 공존하는 이유가 뭘까? 그렇게 해서라도 먹고살아야 하는 사람이 충분히 존재하기 때문이다. 사실 한국의 택배망은 몇 안 되는 메이저 회사가 장악하고 있다. 경제학적으로 말하자면 택배산업은 '과점'에 해당한다. 그러나 택배회사와 '계약'을 맺는 '개인사업자'인 택배 노동자의 노동 공급은 완전경쟁에 가까울 만큼 널려 있다. 그러니 택배회사와 택배 노동자가 수입을 나누어 먹는 비율은 택배 노동자에게 불리하게 매겨질 수밖에 없다. 우리가 집에 앉아 마우스 클릭 몇 번으로 당일에 책을 받고자 지불하는 돈은 택배회사와 지점망이 차례차례 나눠 가지고 전달 흐름의 마지막에 있는 택배 노동자에게 주어지는 몫은 극히 일부다.

저소득-장시간 노동이 존재하는 다른 이유 한 가지를 더 들자면 소비자들이 자신의 편익을 극대화하고자 한다는 것이다. 즉, '톨레랑스(Tolerance, 관용)'가 매우 작다. 나를 비롯해 어느 소비자라도 직접 물건을 사서 들고 오기보다 자기 집 현관까지, 그것도 빠른 시간 안에 배달되기를 반길 것이다. 그 소비자가 택배 노동자보다 더한 강도로 장시간 노동에 시달리는 노동자라 하더라도 이 사실에는 변함이 없다. 아니 오히려 본인의 노동이 고될수록 피곤한 일상에서 조금이나마 벗어나려면 문 앞까지 배달되는 상품을 찾아내야 한다.

소비자로서의 정체성과 노동자로서의 정체성은 이렇듯 쉴 새 없이 충돌한다. 물론 소비자에게 '톨레랑스'를 가지라고 요구함으로써 이러한 문제가 해결될 수 있는 것은 아니다. 여러 가지 형태의 '착한 소비'나 '윤리적 소비'가 자본주의 시장경제의 본질을 바꿀 수는 없다. 사태의 궁극적 원인은 자본주의경제 자체가 끊임없이 이윤을 늘리기 위한 구조로 탈바꿈해왔다는 데 있기 때문이다.

이제는 한술 더 떠 오후에 주문하면 고객이 잠든 사이에 배송돼 새벽에 받아볼 수 있다는 '양탄자 배송'까지 생겨났다. 인공지능(AI) 기반으로 산출된 최적 경로, 심지어는 내비게이션의 예상 시간보다도 짧은 시간 안에 이동하도록 요구함으로써 노동 강도를 극한까지 내모는 사례, 그러면서도 노동자 지위가 부여되지 않기 때문에 산업재해의 책임은 온전히 노동자 자신의 몫이 되고 마는 시스템(〈한겨레〉 2020년 10월 30일자)은 정보기술의 발전이라는 물질적 기초부터 법적·제도적 장치라는 사회 시스템에 이르기까지 다양한 분야의 긴밀한 협력이 이루어낸 산물이다.

코로나바이러스로 말미암아 더욱 널리 확산된 당일 배송 혹은 새벽 배송은 소비자의 톨레랑스를 0에 가까운 수준으로 떨어뜨렸고, 아마 코로나가 완전히 사라진 세상에서도 원래 수준으로 회복되기 힘들 것이다. 감염병 때문에 깨닫게 된 필수 노동의 중요성이 필수 노동자를 더욱 압박하는 역설적 상황이 생겨난 셈이다.

9장

그럼에도 우리는 일해야 산다

핵심 질문:

내 일의 미래는 어떨까?

우리는 어쩌다 모험을 하게 됐을까

서울 근교 위성도시에 산 적이 있다. 버스 기점 바로 다음 정류장이 내가 사는 곳이었다. 덕분에 적어도 출근 시간에 자리가 없어 서서 갈까 봐 걱정하지 않아도 됐다. 그런데 얼마 지나지 않아 기점 바로 옆에 새로 아파트 단지가 들어서고 인구가 유입되면서 슬슬 버스에서 자리를 확보하기 어려워졌다. 기다리는 사람 중 반쯤은 앉아서 갈 수 있었지만, 나머지 사람은 서울까지 꼬박 한 시간가량 만원 버스 안에서 짐짝 취급을 받을 수밖에 없었다. 그러자 사람들은 누가 시키지도 않았는데도 줄을 서기 시작했다. 정류장에 먼저 온 사람은 그나마 앉아서 갈 수 있다는 규칙이 저절로 생겨난 것이다.

그런데 시간이 지나면서 매우 운이 좋은 한둘만 자리를 차지할 수 있을 정도로 이미 많은 승객이 탄 채로 버스가 도착하면서 사태가 악화됐다. 보기에도 정겨운 줄 서기 문화는 무참하게 깨지고 말았다. 사람들은 달려오는 버스를 향해 아귀다툼하듯 달려들었다. 그러면 버스는 우리를 피해 수십 미터 떨어진 곳에 멈추어 서곤 했다. 우리는 오직 자리에 앉아 가겠다는 일념으로 버스를 향해 죽을 힘을 다해 뛰어갔다. 경쟁에서 승리한 자는 비록 숨은 가쁠지언정 회심의 미소를 지으면서 '짐짝'들을 느긋하게 구경할 수 있었다. 몇 달이 더 지나자 이제는 자리 확보가 문제가 아니었다. 대열에서 낙오하면 아예 버스를 탈 수조차 없는 지경이 되고 만 것이다. 선천적으로 모험을 싫어하는 사람과 좋아하는 사람이 따로 있다는 경제학의 가르침에 회의를 품고 "사회적 존재가 의식을 결정한다"라는 어느 사상가의 가르침을 굳게 믿기 시작한 것은 그 무렵부터였다.

모험을 싫어하는 사람은 차례대로 줄을 서고 싶어 한다. 은행 객장에 들어서자마자 잽싸게 번호표를 뽑아 들고 더 늦게 온 사람보다 일을 빨리 마칠 수 있겠다는 생각에 안도의 한숨을 내쉰다. 보험회사가 먹고살 수 있는 까닭은 1년에 접촉 사고조차 한 번 내지 않으면서 꼬박꼬박 보험료를 납부하는 '위험 기피자'들이 있기 때문이다. 모험을 좋아하는 사람은 '모 아니면 도', '인생은 한 방!' 같은 구호를 외치며 당첨 확률도 별로 없는 복권을 긁어댄다. 카지노가 먹고살 수 있는 이유는 전문 딜러를 상대로 돈을 따기 불가능하다는 객관적 확률을 주관적 모험 정신으로 무시하는 이들이 부나비처럼 달려들기 때문이다.

위험에 대한 태도는 개인의 유전자나 성격에서도 기인하겠지만 좀 더 근본적으로는 사회의 구조적 환경이 어떻게 변화하는가에 따라 결정된다. IMF 위기 이후 공무원이나 교사처럼 보수는 상대적으로 많지 않아도 안정된 직장을 추구하는 경향이 두드러진 것도 한국 사회가 그만큼 위험사회가 되었다는 증거다. 성적이 우수한 수험생이 너나없이 의과대학으로 몰려드는 현상 또한 이러한 측면과 관련이 없지는 않다.

그런데 위험을 기피하는 태도와 위험을 좋아하는 태도(경제학에서는 이를 '위험 애호자Risk lover'라고 부른다)가 양립 불가능한 것은 아니다. 마치 어떤 사람이 특정한 영역에서는 매우 내성적이다가 다른 영역에서는 매우 외향적인 성격을 보이는 것과도 같다. 최근 한국 사회의 자영업을 떠올려보면 잘 알 수 있다. 카페나 프랜차이즈 빵집은 거의 포화 상태인데도 창업 대열이 끊임없이 이어지고, 반대쪽으로는 '죽어 나가는' 카페나 빵집의 대열 또한 끝이 없다. 마치 저개발국가에서 많이 태어나고 또 그만큼 많이 죽어 전체적인 인구 증가율은 낮게 유지되는 현상과 비슷한 형국이라고나 할까? 그런데 창업하는 이들이 모두 위험 애호자이기 때문에 모험에 뛰어드는 것일까?

창업 대열이 끊임없이 이어지는 이유는 간단하다. 뾰족한 대안이 없기 때문이다. 직장에서 이미 밀려났거나 곧 밀려나리라고 예상되는 40~50대와 안정된 직장을 얻을 가능성이 희박한 20~30대도 어떤 의미에서는 절망적인 선택에 매달릴 수밖에 없다. 물론 자영업의 실태나 비즈니스 전망, 노하우 등에 관한 정확한 정보가 부족하다는 사정이 이러한 현상을 부추기는 측면도 있다. 누구나 마음속 깊은 곳에 간직하고 있는 '그래도 나는 괜찮을 거야'라는 막연한 낙관적 본성 또한 촉매 역할을 한다.

사람들은 보통 최소한의 사회적 안전망, 굶어 죽지 않고 최소한 인간적 품위는 유지할 수 있는 '본전'이 보장될 때 위험한 프로젝트에 과감하게 뛰어들 수 있다. 그런데 반대로 아무런 안전장치 없이 실패하면 나락에 떨어지는 것이 빤히 보일 때 오히려 절망적으로 위험 애호적인 행동을 보이기도 한다. 이미 한국의 많은 자영업자들에게 창업은 충분한 모험이자 도전이다. 실패할 것을 알지만 대안 없이 강제되는 도전이라는 점에서 그것은 '목숨을 건 도약'이다.

그러므로 1~2년 만에 문을 닫고 만 자영업자에게 "좀 더 신중해야 했다"라고 말하는 건 만약 잘 몰라서 그랬다면 철이 없는 것이고, 아는 데도 그렇게 말했다면 이는 충고를 가장한 모욕에 지나지 않는다.

복권사회에서 보험사회로 갈 수 있을까

최대의 위협이던 사회주의 체제마저 무너지고 정보통신혁명과 금융화 물결 속에서 자본주의는 드디어 완숙 단계에 이른 듯 보인다. 그리고 시장경제의 본질적 원리는 바로 모든 사람들이 자유롭게 모험하고, 성공이건 실패건 그 결과는 철저하게, 때로는 처절하게 스스로 책임져야 한다는 데 있다. 세계적으로는 1980년대 이후, 한국에서는 특히 1997년 경제 위기 이후 심화된 신자유주의라는 이데올로기는 이러한 시장경제의 본질적 원리를 극단까지 밀어붙이는 특징이 있다.

제2차 세계대전 이후 선진 자본주의 국가가 번영한 이유는 시장경쟁에서 실패한 이들이 최소한의 생활을 유지할 수 있도록 사회가 부양해주는 복지국가 시스템이 자리 잡고 있었기 때문이다. 비유하자면 버스 정류장에서 줄을 서는 것과 비슷한 상황이다. 최소한 참고 기다리면 선천적으로 달리기를 잘하거나 자리에 그렇게 집착하지 않더라도 버스에 올라 목적지까지는 갈 수 있다는 의미에서 일종의 '보험 원리'가 적용되었던 셈이다. 그러나 이후 찾아온 전 세계적인 신자유주의 물결 속에서 '복권 원리'가 세상을 지배하게 되었다. 마이크 니어리와 그레이엄 테일러가 학술지 〈자본과 계급〉 1998년 여름호에서 한 주장이다. 까짓 한 번 사는 세상, 물려받은 재산도 없고 별다른 능력도 없는 바에야 복권에라도 한번 당첨돼 돈벼락 맞는 꿈을 꾼다.

그런데 고용에서 '복권 원리'가 관철되면 이것이 '사용자' 입장에서는 오히려 위험을 줄이는 좋은 수단이 된다. 경기가 나빠져도 계속 안고 가야 하는 정규직 노동자를 고용하는 쪽보다는 경기가 오르락내리락할 때마다 신축적으로 고용하고 해고할 수 있는 비정규직 노동자 중심으로 가는 쪽이 위험에 덜 노출되는 선택이기 때문이다. 물론 기업 경영은 원래 투자를 하느냐 마느냐 하는 분기점에서 잘못 판단할 가능성이 크기 때문에 처음부터 위험 애호적인 프로젝트이기는 하지만 복권 원리에 기반한 고용 형태로 변화함으로써 위험을 덜어낼 수 있다는 뜻이다.

서구 복지국가에서도 나름 많은 문제가 있었던 것은 사실이다. 그렇지만 최소한 안전그물도 갖추지 않은 채 공중제비를 하듯 내버려두는 '복권사회'는 '보험사회'로 바뀌어야 한다. 한국 사회 일각에서도 주장하는 기본소득(Basic income), 즉 모든 사회 구성원들에게 인간으로서 최소한의 생활은 유지할 수 있을 만큼 일정한 소득을 지급하자는 정책이 의미가 있다면 바로 이러한 점 때문이다.

내 일이 세계화에 영향을 받을까

세계화는 간단하게 말하자면 사람과 물건, 돈이 국경을 자유롭게 넘어 다니는 현상을 가리킨다. 굳이 서열을 매겨보자면 이 세 가지 중에서 국경을 넘나들기 가장 어려운 것은 바로 사람이다. 국제경제학 교과서에 등장하는 유명한 이론은 사람이 직접 국경을 넘어 다니지 않더라도 자유무역만 이루어진다면 궁극적으로 사람의 값, 즉 임금은 세계 어느 나라에서나 같아진다고 주장한다. 그러나 이는 엄밀한 가정하에서 수학적으로 증명되는 정리일 뿐 현실은 당연히 그렇지 못하다. 노동력은 문화적 요인 때문에라도 국경을 넘어 이동하기 매우 어려운 생산요소다.

내가 한국에서 시간당 만 원을 버는 노동자라 해보자. 그런데 뉴욕에서는 똑같은 일을 하더라도 그보다 두 배쯤 많은 20달러를 벌 수 있다는 사실을 알았다. 그렇다고 해서 내가 당장 짐을 싸서 뉴욕으로 떠나기는 어렵다. 일단 영어를 잘해야 할 것이고, 태어나고 자라면서 맺은 친구, 연인, 가족, 선후배 같은 많은 사회관계와의 연결망을 어떻게 유지할지 걱정이 앞서기 때문이다. 물론 정보통신기술의 발전은 이러한 문제를 예전과는 비교도 할 수 없을 정도로 쉽게 해결해준다. 번역이나 통역용 소프트웨어를 이용해 기초적인 의사소통을 할 수도 있다. SNS로 같은 동네에 살면서도 1년에 한두 번 만나기 어려운 동창보다 뉴욕에 있는 친구와 정서적 공감을 훨씬 더 깊숙이 나눌 수도 있다. 그러나 여전히 물건(상품)이나 돈(자본)에 비하면 사람(노동력)이 국경을 넘어 이동하기는 쉽지 않다. 적어도 완벽하게 이루어지기는 힘들다.

그런데 노동력의 숙련도가 가장 높은 노동이나 가장 낮은 노동이라면 비교적 쉽게 국경을 넘어 일자리를 얻을 수 있다. 이를테면 메이저리그 스카우터의 눈에 들 만큼 재능이 출중한 야구 선수라면 고등학교만 졸업하고 바로 메이저리그에 진출할 수도 있다. 실력만 뛰어나다면 언어 장벽조차 큰 문제가 되지 않는다. 일본 선수들은 메이저리그에 진출한 지 몇 년이 지나도 기초적인 의사소통이 잘 안 된다고 한다. 이는 야구라는 '노동'에서 유창한 회화 실력이 차지하는 비중은 비교적 작기 때문이다. 더구나 천문학적인 연봉을 받으니 유능한 통역사를 고용해 도움을 받기도 쉽다.

반대로 이른바 3D 업종에 종사하는 노동자도 해외 진출이 쉽게 이루어진다. 요즘 한국 식당에서는 독특한 억양의 조선족 종업원을 만나지 않기가 오히려 어려울 정도다. 과거 개발연대에는 한국 젊은이가 독일로 건너가 광부나 간호사처럼 육체적 능력을 많이 필요로 하는 직종에 취업해 외화를 벌었다. 역시 상대적으로 의사소통이나 문화적 차이가 크게 작용하지 않는 일자리인 동시에 당시 후진국이던 한국에서 일하는 것에 비해 꽤 높은 소득을 얻을 수 있었기 때문이다.

세계화의 결과로 노동력이 이러한 원리에 따라 이동하므로 임금 구조에도 반드시 변화가 발생한다. 노동력은 주로 경제 수준이 낮은 후진국에서 높은 선진국으로 이동한다. 그래서 선진국의 노동자는 자신이 어느 계층에 속하는가에 따라 세계화에 심대하게 영향을 받을 수밖에 없다. 먼저 미숙련노동은 저개발국에서 들어온 이민 노동자 때문에 임금 수준이 더욱 낮아진다. 심지어는 불법 이민자이거나 문화적으로 낯선 환경에 놓였다는 약점 때문에 최저임금조차 받지 못하는 이민 노동자가 있다. 그러면 이들과 같은 일을 하는 본국의 미숙련노동자의 임금도 덩달아 떨어진다. 소득 격차가 더욱 확대되는 셈이다. 물론 일자리를 구하기도 더 어려워진다. 당연히 노동 규율은 더 강해진다. 노동 강도도 높아질 가능성이 크다. 경기가 좋지 않을 때 흔히 나타나는 외국인 노동자에 대한 적대적 행동에는 이러한 경제적 배경이 있다. 사정이 좋은 고숙련노동은 어떨까? 당연히 경쟁이 치열해지므로 살아남기가 그만큼 어려워진다. 미국 보스턴에서 고등학교를 졸업한 야구 유망주는 이제 미국인들이나 남미인은 물론 한국이나 일본에서 오는 야구 선수들과도 경쟁해야 프로구단에 들어갈 수가 있다.

왜 학생들은 2배속으로 강의를 들을까

경제학에서 말하는 소득분배의 '슈퍼스타 이론(Superstar theory)'은 이제 거의 모든 분야에서 관찰된다. 슈퍼스타 이론이란 같은 분야에 종사하는 사람 중에서 최상층부의 슈퍼스타에게만 소득이 집중되는 현상을 가리킨다. 메이저리그의 슈퍼스타는 말리부 해안에 별장을 갖고 전용 리무진으로 이동한다. 마이너리그의 야구 선수는 자기 돈으로 산 햄버거로 점심을 때워야 한다. BTS는 유튜브 동영상만으로도 몇백억 원의 수입을 올릴 수 있지만, 실력이 있어도 연줄이 없거나 운이 나쁜 가수 지망생은 변두리 카페에서 매일 저녁 수십 곡의 노래를 불러도 생계를 유지하기가 어렵다.

슈퍼스타 현상이 생겨나는 이유는 간단하다. 그 산업이나 직종에서 몇 안 되는 슈퍼스타만으로도 수요를 충족시킬 수 있기 때문이다. 더욱이 정보통신기술의 발전과 세계화의 결과로 거의 모든 분야에서 슈퍼스타 현상이 성립할 여건이 만들어졌다. 누구나 슈퍼스타가 될 수 있는 환경이 갖추어졌지만 그렇다고 아무나 슈퍼스타가 될 수는 없다. 같은 일을 하더라도 슈퍼스타의 영역에 발을 들여놓지 못한 대부분의 이들은 완전경쟁의 세계로 떨어진다. 얼핏 조화로워 보이는 완전경쟁 세계, 그 뒤에는 지독할 정도로 불평등한 세계가 존재한다.

'나는 정규직 노동자니까'라며 안도하는 이들에게는 미안한 일이지만 경제 구조는 점점 승자독식(Winner takes it all) 구조로 변해가고 있다.

대학교수라는 직업은 흔히 '철밥통'으로 알려져 있다. 더구나 나 같은 국립대학의 교수야 두말할 나위도 없다. 교수가 하는 '일'의 성과는 얼마나 좋은 학술논문을 쓰는가, 얼마나 강의를 잘하는가로 평가된다. 물론 강의를 '잘'하는 것이 무엇인지 정의하기는 쉽지 않다. 요즘은 대학에서도 수강 학생들로부터 학기 말에 교수의 강의가 어땠는지 다양한 항목에 걸쳐 평가받고 교수의 성과급에 반영하기도 한다. 경험상 과목 자체가 어렵고 흥미를 유발하기 쉽지 않으면, 예를 들어 수학적 기법을 많이 가르치는 경제학 과목은 강의평가가 잘 나오기 힘들다. 학점을 지나치게 박하게 주는 교수도 좋은 평가를 받기 힘들다. 그래서 동료 교수 중에 강의평가가 무의미하다고 주장하는 이들도 많다. 그런데 주의 깊게 관찰해보면 수업 준비를 열심히 하고 학생들에게 많은 애정을 담아 가르치는 교수의 강의평가는 그렇지 않은 경우에 비해 확실히 높게 나온다. 통계학에서 말하는 대수의 법칙처럼 수강 학생 수가 충분히 오랜 기간에 걸쳐 누적되면 아무리 공부하기 싫어하는 학생도 어느 교수가 강의 준비를 열심히 하는지 본능적으로 알아차린다. 강의평가에서 100등을 한 교수가 110등을 한 교수보다 강의를 '잘'한다고 말하기는 어렵다. 그렇지만 강의평가에서 1등을 한 교수가 100등을 한 교수보다 강의에 훨씬 더 많은 노력을 기울인다는 사실까지 부인할 수는 없다는 말이다.

그런데 교수 사이의 강의 잘하기 경쟁도 점점 글로벌한 규모에서 이루어진다. 요즘은 인터넷 사이트에 들어가면 MIT대학교의 전공 강의도 동영상으로 수강할 수 있다. 유튜브에 올라와 있는 다종다양한 경제학 강의만 해도 일일이 숫자를 헤아리기 어려울 정도다.

심지어는 청강을 하면서 리포트를 내고 교수로부터 피드백을 받을 수도 있다. 열의만 있으면 세계 최고 수준의 강의를 듣고 평가도 받을 수 있다. 실제로 어느 대학에 등록해 졸업장을 받았다는 공식 기록만 없을 뿐 가르침을 얻는다는 본질적 의미에서는 얼마든지 세계적인 석학을 사사하는 것이 가능해지고 있다. 아직까지는 언어(주로 영어다) 장벽이나 학위를 규정하는 제도적 요인이 울타리를 치고 있지만 좀 더 시간이 지나면 그 울타리조차 유명무실해지지 말라는 법은 없다. 이제 내가 대학교수로서 강의를 '잘'하려면 아이비리그 대학교수 수준의 심오한 학식을 갖추어야 함은 물론이고 강의 스킬도 국제적인 수준에 오르지 않으면 힘들어지는 때가 오고 있다. 말하자면 커피 전문점이나 기원 주인이 직면했던 완전경쟁이 글로벌 규모에서 서서히 나를 조여 오고 있는 셈이다.

언젠가 중학생이던 딸이 무심코 '강의 못 하는' 어느 선생님 이야기를 했던 적이 있다. 딸아이는 자신을 비롯해 학생들이 그 선생님 수업 시간이면 버튼을 3배속으로 돌려 빨리 끝내버리고 싶다고 말한다고 했다. 아이들은 인터넷 강의를 듣다가 지루하면 3배속으로 돌려 한 시간짜리 강의를 20분 만에 다 듣고 넘겨버린다고 한다. 당시에는 딸아이의 말을 듣고는 웃어넘겼다. 그런데 이제 그 아이들이 자라 대학생이 되었고, 코로나바이러스 사태로 온라인 강의가 당연해지면서 이러한 현상은 일상이 되었다. 2020학년도 1학기 일본 어느 대학의 사례 연구에 따르면, 학생들은 평균 1.7~1.8배속으로, 그것도 중요한 부분만 골라서 동영상 강의를 시청하는 것으로 조사되었다. 요컨대 교수나 강사의 수업을 노동이라 할 때, 소비자인 학생은 노른자에 해당하는 부분만, 그것도 매우 집약적으로 소비하려는 경향이 존재하는 셈이다. 이러한 경향이 일반화하면, 대학 강의에서조차 결국엔 승자독식의 원리가 작동하지 말라는 법도 없다.

실제로 사교육시장이 세계 최고 수준이리라 짐작되는 한국에서도 사교육강사가 모두 많은 돈을 벌지는 못한다. 비공식 통계에 따르면 서울 대치동 일대에서 일하는 학원강사만 3000여 명이라고 한다(이 숫자는 이 책의 초판을 쓸 때의 통계이니 지금은 훨씬 더 많을지도 모른다). 흔히 생각하는 것과 달리 3000여 명 중에서 90퍼센트 이상은 정확하게 자신의 기회비용 정도, 심지어는 그보다도 못한 소득을 벌면서 장시간 노동에 시달리고 있다. 엄청난 사교육시장의 구매력은 대부분 과목별로 몇 개의 메이저 학원과 몇 명의 강사에게 집중된다. 네댓 명의 스타급 강사는 수억 원이 넘는 강사료를 받고 인터넷 강의 판매 수입과 참고서 판매 수입을 더해 '강의 재벌'이라는 말이 어색하지 않을 정도로 수입을 올린다. 반면 다른 많은 강사가 얼마 남지 않은 시장을 나눠 먹으면서 몇 안 되는 수강생을 가르친다. 심지어는 그들의 통학 차량 기사 역할까지 하면서 수입 일부는 메이저 학원의 프랜차이즈가 되는 대가와 인터넷 강의 사용권에 대한 로열티로 지불하면서 근근이 살아간다. '빨대 꽂기' 원리는 사교육

시장에도 예외 없이 적용되는 것이다.

직업에 귀천이 있다는 생각은 강화되고 있을까

사실 오프라인에서 국경을 넘지 않아도 온라인 공간에서는 이미 국경 없는 일자리 경쟁과 그로 인한 소득 격차 확대, 노동 강도 강화가 끊임없이 이루어지고 있다. 나는 직업상 가끔 영어로 쓴 논문을 교정보는 서비스를 이용한다. 대부분 인터넷에서 원고를 업로드하고 신용카드로 대금을 결제한다. 그런데 내 논문을 읽고 교정해주는 사람은 맨해튼이나 로스앤젤레스가 아니라 인도의 어느 도시에서 공부하는 대학원생일 수도 있다. 시차 때문에 내가 잠을 자는 시간에도 인도의 대학원생은 내 논문을 교정하고 있을 것이다.

〈내 아내의 모든 것〉이라는 한국영화에서 전설의 카사노바로 등장하는 류승룡이 여주인공을 유혹하려고 프랑스어로 엉터리 통화를 하는 장면이 나온다. 그런데 실은 그에게 걸려온 건 보이스피싱 전화다. 사기를 치려는 전화 상대방은 조선족 말투의 한국어를 쓴다. 이러한 상황이 재미요소로 등장하는 이유도 이런 경우가 흔했기 때문이다. 미국 회사의 소비자상담센터에 전화를 걸면 인도식의 독특한 억양을 쓰는 상담원이 전화를 받는다. 인도식 영어에 익숙하지 않으면 통화가 불가능한 정도일 때도 있다. 그는 아마도 실제로도 미국이 아닌 인도의 어느 곳, 콜센터 밀집 지역으로 유명한

벵갈루루쯤에 앉아 있을 것이다. 굳이 국제적인 예를 들 필요도 없다. 소비자상담센터에 전화를 걸면 상담해주는 친절한 상담원은 실은 땅값이 저렴한 어느 지방의 사무실 부스에 앉아 있을 가능성이 크다. 한국인이 아닐 수도 있다. 실제로 한국에서도 다국적기업의 서비스센터로 전화하면 (조선족만이 아닌) 외국식 한국어 발음을 들을 수 있다.

한국 경제가 더욱 성장하면 이러한 변화는 점점 더 많은 종류의 일에서 발생할 것이다. 지금 내가 하고 있는 일도 언젠가는 밀려드는 외국인 노동자와의 치열한 경쟁에 직면하게 될 수도 있다. 이미 편의점 아르바이트 자리를 구하는 대학생에게는 중국에서 온 유학생이 눈앞에 나타난 경쟁자들이다. 지금 내 일이 현재로서는 숙련의 위계에서 비교적 높은 자리를 차지하고 있더라도, 시간이 지나 언제 어떤 방식으로 글로벌한 경쟁에 노출될지 알 수 없다.

세계화에 관한 한 사회학적 연구에서는 심지어 자녀 양육에도 나타나는 국제적 사슬(Chain)관계를 강조한다. 예를 들면 로스앤젤리스에 사는 백인 중산층의 아기는 영어에 능통하고 대학까지 졸업한 필리핀 마닐라 출신의 이멜다(이름이야 무엇인들)가 돌본다. 그렇게 번 돈이 마닐라에 있는 이멜다의 가족에게 송금된다. 그 돈 중 일부는 이멜다의 아이를 돌보는 시골 출신 보모에게 지급할 수당이다.

국제적 사슬 관계

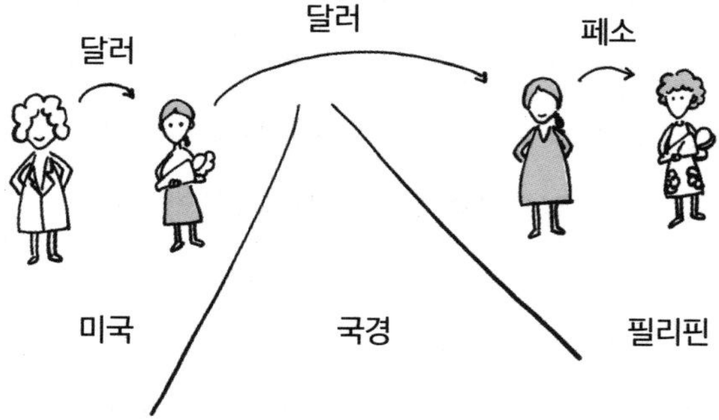

사회학자 울리히 벡이 말하는 '장거리 사랑'의 한 가지 형식이 이렇게 탄생한다. 한국에서도 중산층 맞벌이 부부의 입주 베이비시터는 대부분 가족을 두고 떠나온 조선족 중장년 여성이다. 이것은 생산의 글로벌 가치사슬 구조와 비슷하다. 즉, 말레이시아에서 만들어진 부품으로 중국에서 조립된 완제품을 한국 회사의 상품으로 판매하는 구조다.

사실 이러한 구조는 이멜다나 조선족 여성에게 경제적으로는 분명히 하나의 기회다. 그러나 한편으로는 전통사회의 신분 구조인 영주와 하인의 관계가 변형된 모습으로 글로벌하게 다시 등장하는 것일 수도 있다. 정상적인 가족 형태에서 어머니가 담당하던 돌봄 노동은 가난한 나라에서 이주해온 여성 노동자의 몫으로 바뀐다. 벡은 이를 부자 나라와 가난한 나라의 격차가 이제는 부엌과 아이 방으로까지 들어온다고 표현했다.

1970년대에 민족경제론이라는 이론을 주장했던 한국의 재야 경제학자 박현채는 민족경제와 국민경제를 구분하는 정서적 기초로 '이인적시(異人狄視)'라는 말을 즐겨 사용했다. 요컨대 자신과 달라 보이는 사람을 오랑캐 취급한다는 뜻이다. 돌봄 노동에서 정서적 차원을 제외한 육체노동의 몫을 '이인'이 전담하게 됨으로써 어느새 우리는 '힘든 일을 오랑캐의 책임으로 보는' 이인적시 경향을 가지게 된 것인지도 모른다. 영화 〈토탈 리콜〉에서 육체노동을 하는 이들은 지구 한쪽에 모여 산다. 영화 속 그들이 사는 곳에는 한자나 한글로 된 간판과 홍콩의 뒷골목 같은 지저분하고 음산해 보이는 상점들뿐이다(아마도 오리엔탈리즘의 흔적일 것이다). 노동자들이 매일 아침 출근해 일하는 지구 반대편의 세계는 이들이 사는 곳과는 달리 쾌적하고 세련된 도시의 모습을 갖추었다. 영화 속에서는 글로벌한 규모에서 각각의 일을 하는 사람의 품격이 등급 지어지고 관리된다. 이 영화 속 풍경이 이제 우리 눈앞의 현실이다.

물론 세계화가 전혀 이루어지지 않은 과거로 돌아갈 수도 없거니와 돌아간다고 해서 모든 문제가 해결되는 것은 아니다. 하지만 이러한 구조가 우리의 노동을 더욱 팍팍하게 만든다는 사실만큼은 틀림이 없다.

노동자는 사라지고 있을까

사람은 혼자서 살아갈 수 없다. 정서적 차원에서만이 아니다. 우리가 먹고 마시고 입을 것을 만들어냄으로써 삶을 유지하는 경제생활에서도 마찬가지다. 여러 사람들이 함께 모여 협력하고 갈등하는 일의 구조상 반드시 일을 계획하고 지휘하는 이가 필요하게 마련이다. 그러나 모두 지휘만 하려 한다면 협력이 제대로 이루어질 리 없다. 또 아무리 똑똑한 지휘자라 하더라도 나머지 사람들의 협력을 조화롭게 얻어내지 못한다면 성공할 수 없다.

'우리 모두 자기 인생의 CEO가 되자'고 주장하는 사람이 있다. 비유적 의미로서는 그럴듯하지만 '사람의 일'이 갖는 본질을 무시한 구호다. 오히려 경제성장이건 삶의 의미 실현이건 여럿이 협력해야만 얻어낼 수 있다. 이런 구호는 노동의 의미를 폄하하는 이데올로기를 은폐하는 것일 수 있다. 만약 내 삶의 CEO가 된다는 것이 영화 〈캐스트 어웨이〉의 주인공처럼 무인도에 표류해 누구의 도움도 없이 혼자 삶을 꾸려나는 것이라면 일의 불안정한 조건과 불투명한 미래 때문에 시달리는 많은 비정규직 노동자, 영세 자영업자, 프리랜서는 이미 각자 자신의 CEO가 되어 있는 셈이다. 스스로 삶을 유지하고 노동력을 재생산하는 중요한 일을 국가나 사회의 도움 없이 홀로 해나가고 있기 때문이다.

노동(또는 노동자)에 관한 담론은 중립성을 가장한 정치적 편향으로 가득 차 있다. 가치판단을 유보하라고 주장하는 경제학 교과서가 담론을 만들면, 교과서 속에서 걸어 나와 물질적 이해관계가 있는 경영자 단체나 경제신문, 방송 등을 통해 확산된다. 다른 한편으로는 노동자가 아니라 소비자를 강조하는 담론으로 모습을 바꾸기도 한다. 모든 소비자가 노동자인 것은 아니지만 모든 노동자는 소비자라는 평범한 진리는 잊힌다(3장을 다시 한번 살펴보라). 노동자가 소비자라는 정체성으로 행동할 때, 노동과 자본의 갈등은 노동과 노동의 갈등으로 옮겨간다. 마치 지킬 박사와 하이드 씨처럼 하나의 인물이 서로 다른 정체성으로 자기분열되는 것이다. 자영업자에게 이러한 자기분열은 계급의식과 계급 지위, 머릿속으로 생각하는 바와 삶의 물질적 조건 사이의 괴리로 나타난다.

사실 어쩌면 이 모든 것보다도 큰 실천적 효과를 낳는 것은 아예 노동에 대해 침묵하는 것이다. 슬라보예 지젝이 말하는 '배제된 자'다. 그 배제의 상징은 곳곳에서 발견된다. 늘 출근하는 사무실에 '출입증'을 교부받아야 들어갈 수 있는 간접고용 노동자, 휴식할 곳이 없어 계단 밑에서 도시락을 먹어야 하는 청소 노동자, 오토바이를 타다 부상을 당했으나 산재 처리를 받을 길이 없는 배달 아르바이트생, 도로변 좌판 옆에서 찬밥에 김치를 비벼 급하게 한술 뜨는 노인, 학생의 성적 이의제기를 앉아서 들어줄 사무실조차 없는 시간강사……. 배제된 자의 목록은 계속 이어진다.

그런데 '배제된 자'라는 프레임은 특정 일자리나 계층의 문제가 아니라 노동 그 자체에 대해서도 이루어진다. 우리는 일을 해서 먹고살아야 한다는 의미에서 누구나 노동자일 수밖에 없지만 경제학 교과서에서는 보이지 않는 자, 그 모습을 드러내지 않는 자, 그 목소리가 들리지 않는 자일 뿐이기 때문이다.

노동은 있는데 왜 노동자는 사라질까

앞서 일의 성격이 변하면서 삶의 풍경도 변하고, 그 변화가 우리 앞에 익명성의 세계를 가져온다고 설명했다. 노동 안에서의 '익명성'이란 무엇인가?

기술이 진보함에 따라 사람이 하던 일을 점점 기계가 대체하게 돼 생산 현장에서 노동자가 사라지는 현상에 주목한 이가 마르크스다. 마르크스는 이를 '자본주의적 축적의 일반 법칙'이라 부를 정도로 중요하게 생각했다.

노동자들로 가득 찼던 공장에 산업용 로봇만이 들어차 있다. 공장뿐 아니다. 지하철역 안에 역무원은 보이지 않고 자동판매기만 놓여 있다. 심지어 전동차마저 무인 운전으로 움직인다. 그러나 실제로 '일하는 사람'이 없다는 것을 넘어서서 사라지는 노동자, 그 익명성의 세계는 다른 방식으로도 다가온다.

한국에서 도시는 물론 웬만한 시골 지역도 주거 형태가 아파트로 일원화한 지는 이미 오래됐다. '아파트 공화국'이라는 말이 전혀 지나치지 않을 정도다. 지은 지 오래된 아파트의 전형적인 모습이 있다. 바로 동별로, 라인별로 대개는 현직에서 은퇴한 장년 남성이 소박한 화장실과 탁상용 텔레비전, 간이 취사 시설 등을 갖춘 현관 입구의 조그만 부스에 앉아 출입자를 점검하는 '수위실' 시스템이다. 이른바 '감단직(감시·단속직)' 노동자들이다. 그러나 세월이 지나면서 아파트의 풍경도 바뀌고 있다. 몇 호에 누가 살며 아이는 몇 살이고 자주 찾아오는 시어머니는 어떻게 생겼는지 등을 알고 있던 수위 할아버지는 사라져가고 있다. 그야말로 최고급 아파트를 제외하면 아파트 단지도, 심지어는 같은 동의 같은 라인도 이미 익명의 섬이 되고 말았다. 감단직 노동에 들어가는 인건비를 절감하려고 동별로, 라인별로 한 명씩 배치되던 노동자는 보안경비 시스템으로 대체됐다. 일부만 아파트 단지 안의 몇 안 되는 초소에 배치될 뿐이다. 그나마 '수위 할아버지'의 자리는 민간 경비업체 직원이 대신한다(이미 오래전의 아파트 풍경을 삶의 원형 따위로 생각해 회고적 향수를 불러일으키려는 의도는 전혀 없음을 미리 밝힌다).

일반적으로 자본주의 시장경제가 발전하면서 경제적 거래에 존재하던 인적 속성은 점점 희미해지고 물적 속성 사이의 관계, 계약 관계 그 자체가 중요한 의미를 띠게 된다. 이제 사람 대 사람의 관계보다 물(物) 대 물, 성문화한 명시적 조항으로 규정할 수 있는 계약만 문제가 되는 세상으로 변화한다. 7장에서 '관계에서 거래로'라고 말한 변화다.

이에 더해 이제 '일' 자체가 익명화한다. 그것이 무엇이건 이름을 잃는다는 것은 환원할 수 없는 개별성의 공간이 사라진다는 것을 뜻한다. '○○아빠'에서 '○○호 아저씨'로 그리고 다시 '출입카드(심지어는 스마트폰에 다운받은 앱) 소지자'로의 변화다.

고용관계가 아웃소싱이라는 거래관계로 변화하는 것도 마찬가지다. 이제 누가 고용주고 누가 고용된 노동자인지도 불분명해진다. 언젠가 대전에서 서울로 가는 KTX에 몸을 싣고 급하게 회의 장소로 향한 적이 있다. 그날따라 기차는 연착을 거듭해 예정 시간보다 15분 이상 늦게 서울역에 도착했다. 이미 회의에 늦어 화가 날 대로 난 나는 애꿎은 승무원을 붙잡고 항의했다. 그 승무원은 지극히 사무적인 자세로 규정에 따라 20분 이상 지연되는 경우가 아니면 보상 조치를 취할 수 없다고 했다. 마치 자신과는 아무런 관련도 없는 회사의 규정인 듯 말했다. 나는 그제야 문득 이 사람이 코레일 직원이 아니라는 사실을 깨달았다. 간접고용이 일반화하면서 익숙해진 현상이다.

관계에서 거래로

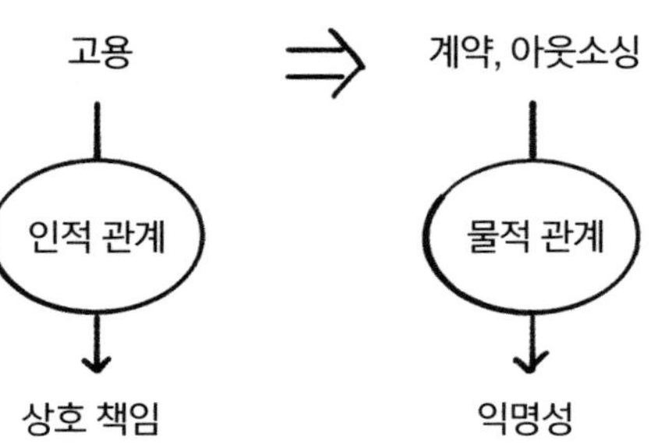

내가 근무하는 대학에서 청소를 하거나 주차를 관리하는 노동자는 우리 대학의 직원이 아니다. 이들의 고용주는 다른 곳에 있다. 대형 마트에서 상품을 판매하고 시식을 권하는 종업원들은 마트 소속이 아닌 파견 노동자들이다. 그럼에도 오후 어느 때가 돼 음악이 흘러나오면 손님들이 보는 앞에서 부끄럼을 무릅쓰고 춤인지 체조인지 분간이 가지 않는 집단 율동을 하도록 만드는 것은 분명히 마트 본사다. 같은 생산 라인에서 자동차를 조립하는 노동자의 일부는 그 자동차회사의 정규직 직원이지만 일부는 파견업체와 계약을 맺고 파견된 노동자들이다. 똑같은 일을 하면서도 이들의 임금은 서로 다르다. 파견 노동자가 노동쟁의라도 벌일라치면 자동차회사는 자신들이 간여할 노사관계가 아니라며 뒷전으로 물러나 앉는다. "나를 고용하고 있는 자는 누구인가?"라고 물을 만한 상황인 셈이다. 영화 〈대부〉에서 아버지의 갑작스런 죽음으로 마피아 두목 자리를 물려받은 마이클(알 파치노)은 누나의 남편까지 포함해 반대파를 처절하게 제거하는 와중에도 자신은 세례 의식에 참석한다. 그리고 자신이 그들을 죽였느냐는 아내의 질문에 답한다. "내가 죽이지 않았어." 비유하자면 "나를 해고하는 자는 누구인가?"라는 파견 노동자의 물음은 〈대부〉에서 아내의 물음과 본질적으로 같다.

한편으로는 흥미롭고 다른 한편으로 씁쓸한 것은 익명성이 깨지는 것조차 자본의 논리에 의해서라는 사실이다. 생산 담당자나 최종 검수자의 이름을 표기한 제품을 본 적이 있을 것이다. 이는 그렇게 함으로써 자본이 이익을 얻을 수 있기 때문에 시행되는 제도다. 바로 그 제품이 만들어지는 공장에 제품에 이름이 기재되지 않은, 수많은 '보이지 않는 이들'이 있다는 사실은 감추어지고 잊힌다. 보이지 않는 이들은 '말할 수 없는 이들'이다. 이들의 말은 들리지 않고 아무도 들어주려 하지 않는다. 권력을 가진 이만이 말할 수 있고 그들의 말만 들릴 때, 민주주의는 무너진다. 그러므로 익명성의 원리가 관철되는 것은 어떤 의미에서 민주주의의 물적 기초가 허물어지고 있음을 말해준다. 말이 들리지 않는 이들, 배제된 이들의 삶이 회복될 때 '일'의 진정한 민주주의는 가능해질 것이다.

인공지능에 노동의 미래가 있을까

MIT대학교의 경제학자 대런 에이스모글루는 인공지능을 "환경을 인식하고 반응함으로써 지적으로 행동하는 기계, 소프트웨어 혹은 알고리즘"이라 정의한다. 이와 같이 폭넓게 정의된 인공지능은 이미 우리의 실생활 속에 파고들어 있다. 가장 먼저 떠오르는 질문은 인간의 일자리는 과연 충분히 존재할 수 있을까다. 어떤 이들은 자동차가 등장함으로써 마차가 사라지는 바람에 마부들은 일자리를 잃었지만 결국 자동차와 관련된 새로운 일자리가 더 많이 생겨났다는 역사적 경험에 기초해 낙관론을 편다.

다른 이들은 일자리 소멸은 상당수의 사람들을 잉여인간으로 만들 것이며 따라서 노동 여부와 무관하게 일정 수준의 기본소득을 지급하는 것만이 대안이라고 주장하기도 한다. 언젠가 노벨 경제학상을 탈 것으로 예상되는 슈퍼스타급 경제학자인 에이스모글루의 잠정적 결론은 막상 허망하기 짝이 없다. 자동화 경향 속에서도 노동수요를 증대시키고 생산성의 급속한 증가도 가져올 수 있는 새로운 노동집약적 일자리를 창출해내야 한다는 것, 바로 그것이 '올바른 인공지능(right AI)'이며 '잘못된 인공지능(wrong AI)'과는 구별된다고 에이스모글루는 주장한다. 그러나 올바른 인공지능이 무엇인지를 결정하는 것은 사회적 합의의 영역이며, 어쩔 수 없이 사회적 합의는 권력과 시장의 논리로부터 자유롭지 못하다. 물론 사회 구조도 나와 너, 개인이 한데 모여 바꿔나가는 것이기는 하다. 하지만 대부분의 생활인은 사회 구조를 바꾸려는 꿈을 꿀 새도 없이 끝없는 생존경쟁에 내몰리느라 자신의 노동이 갖는 의미를 파악하기조차 어렵다. 그 이전에 미시적 삶 속에서 일의 의미를 찾아나가는 것이 가능할까?

인공지능과 노동의 미래

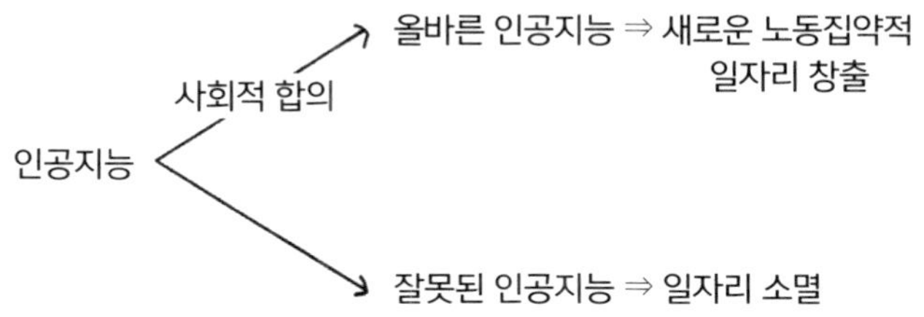

내 일을 삶의 소중한 순간으로 받아들일 수 있을까

경제학 교과서에서 노동의 공급자, 즉 노동자는 누구나 공평하게 하루 24시간이라는 시간자원을 배분받는다. 주어진 시간을 얼마의 돈으로 바꾸느냐는 그가 선택한다. 시간당 소득을 얼마나 올릴 수 있는가 하는 능력조차 궁극적으로는 자신의 인적자본(스펙)에 얼마만큼 투자했는가 하는 과거 선택에 달려 있다.

누구나 시간의 한계와 싸운다. 그러나 똑같은 시간과의 싸움이라 하더라도 그 한계가 눈앞의 생생한 현실로 펼쳐지는 이들과 그렇지 않은 이들이 있다. 경로 우대권으로 공짜 지하철을 타서 비용을 줄이고 백화점 쇼핑백 대여섯 개를 힘들게 양손에 쥔 채 '점간 이동 택배'를 담당하는 노인들(이른바 '지하철 실버퀵 택배 기사'), 영하 10도의 강남역 주변에서 한사코 받기를 거절하는 행인들에게 광고 전단지 한 장을 배포하면 몇십 원의 수수료를 얻는 중년들. 이들이 벌 수 있는 하루 몇만 원의 수입은 이들 턱 밑에 다가와 있는 시간의 한계와 다르지 않다. 기회비용이라는 개념 자체를 적용할 수 없을 정도로 힘겹게 삶을 이어가는 이들이 부닥치는 시간의 한계는 바로 그들이 하고 있는 일의 한계다.

경제 구조가 변화할수록 점점 더 승자독식의 세계, 적자생존이라는 정글로 우리의 일은 끌려간다. 경제학 교과서가 묘사하는 완전경쟁의 아름다운 수학적 세계 뒤편에는 누군가 빨대를 꽂아 이익을 뽑아가는 메커니즘이 숨어 있다. 빨대 꽂기 메커니즘이 있는 한 완전경쟁은 더 이상 조화롭고 아름다운 세계가 아니다.

노동과 자본의 관계가 점점 '관계에서 거래'로 변화하면서 노동자는 글자 그대로 우리 눈 밖으로 벗어나 보이지 않게 된다. 존재하되 존재하지 않는 이들, 보이려 하되 보이지 않는 이들, 말하고 싶으나 말할 기회도 부여받지 못하는 이들, 바로 익명의 존재들이다. 자본의 논리의 변화는 우리의 일의 모습을 바꾸고 그것은 다시 우리들 삶의 풍경까지 바꾸어간다.

이렇게 점점 보이지 않는 존재가 되어가는 이들은 더욱 많아질 것이다. 그러나 모든 인간사가 그러하듯이 어떤 정해진 법칙이나 경향이 일방적으로 관철되는 것은 아니다. 사람들의 노력 여하에 따라 그 속도를 늦출 수도, 나아가 방향을 바꿀 수도 있다. 실제로도 개인적으로나 사회적으로 대안적 일의 방식과 대안적 삶의 방식을 찾으려는 노력이 꾸준하게 이루어지고 있다. 비록 일거에 구조를 바꿀 방법을 알지 못하고 더구나 그 방법을 찾아낼 전망조차 없다 하더라도, 먼저 개인적 차원에서부터 노력해야 한다. 의지적 낙관이 필요한 지점이 바로 여기다. 모두가 불가능하다고 생각하면 정말로 불가능하다. 한두 사람이라도 새로운 꿈을 꾸는 것을 포기하지 않을 때, 언젠가는 그 꿈이 모여 현실로 이루어질 수 있다.

《크랙 캐피털리즘》이라는 책에서 존 홀러웨이는 우리 모두가 시장 메커니즘에 끌려 들어가지 않으려면 일상에서 균열을 내라고 강조한다. 약간 다른 각도에서 원용해보면 우리는 우리의 '일'에서 즐거움과 보람의 요소, 타인의 일에 대한 이해와 배려를 조금씩 키워 나가야 한다. 소비자로서의 정체성과 노동자로서의 정체성이 맞설 때 가끔씩이라도 노동자로서의 정체성을 의식하도록 노력하기, 비정규직 노동을 반면교사로서가 아니라 최소한 배려의 대상으로 받아들이기, 일을 '밥벌이의 지겨움'으로서만이 아니라 삶의 소중한 순간으로 받아들이기, 일하려고 사는 것이 아니라 살려고 일할 수 있는 시간과 공간을 잠깐씩이라도 만들어내도록 노력하기, 이 모든 것들이 모여 우리의 일과 삶을 더디게나마 바꾸어나갈 것이다.

우리는 일에서 의미를 찾을 수 있을까

좋건 싫건 많은 사람들은 일터에서 삶의 대부분을 보낸다. 미국의 경제학자 리처드 울프는 어느 인터뷰에서 다음과 같이 말한다.

> 우리가 어린 시절과 죽을 때 사이의 성인기에 내내 종사하는 것이 노동입니다. 민주주의가 어딘가에 존재해야 한다면, 삶의 큰 몫을 차지하는 노동에 있어야 합니다. 그런데 우리는 민주주의가 저절로 주어진다고 생각해서인지 상점, 공장, 사무실 등의 문턱을 넘어서는 순간 우리의 모든 민주적 권리와 책임을 포기하고 맙니다.

위의 인용문에 나오는 '민주주의'를 '즐거움'이나 '보람'으로 바꿔

보자. 일과 (놀이라고 부르건 여가라고 부르건) 일이 아닌 것, 일하는 곳과 일하지 않는 곳을 칼로 두부 자르듯이 구분하고 앞에서는 '어쩔 수 없이 하는 일'만 하고 뒤에서는 '하고 싶은 일'만 하거나, 소극적으로 '어쩔 수 없이 하는 일을 하지 않겠다'는 식으로 살아가도 좋은 걸까?

자본주의가 탄생한 역사를 되돌아보면 공장과 집, 노동과 여가의 엄격한 구분이 확립되는 역사였다. 아직도 도시 변두리에 남아 있는 가내 공장 같은 곳을 보라. 주거 공간과 노동의 공간, 함께 사는 이웃과 함께 일하는 동료의 구분이 불명확하다. 산업혁명이 일어나고 노동자들이 대규모로 하나의 공장에 모여 일하면서부터 이러한 구분이 분명하게 확립되기 시작했다. 만원 버스, 지하철, 열차를 타고 한 시간 넘게 시달리며 일터로 나갔다가 퇴근해서 맥주를 마시고 텔레비전을 보며 쉬는 생활은 전형적인 도시 노동자의 생활 패턴이었다.

그러나 그러한 전형적인 패턴이 무너지고 있다. 노동자는 공장이나 사무실을 벗어나도 일할 수 있다. 영세 자영업자들은 거꾸로 일이 놀이를 집어삼키고 일터가 쉼터를 파고들어 '죽도록 일하고 겨우 먹고살기'를 실행하지 않으면 안 된다. '아무 곳에서나 일할 수 있다'라는 것은 축복이지만, 뒤집어서 '어디에서건 일해야 한다'는 건 저주다.

울프의 인용문으로 돌아가 보자. 혹시 우리는 민주주의란 선거에서 누구를 찍느냐 하는 문제라고만 생각하지는 않았을까? 흔히 말하는 생활상의 민주주의조차 '밥줄'을 위한 직장에서는 성립하지 않는 듯 살아오지 않았을까? 우리 삶에 지대한 영향을 끼치는 사안에 대해 아무런 발언도 하지 못하다가 몇 년에 한 번 국회의원이나 대통령 후보에게 한 표를 던지는 것이 진정한 민주주의일까?

일에 대해서도 마찬가지 논리로 말할 수 있다. 혹시 우리는 일을 돈을 얼마나 버느냐 하는 문제로만 생각하지 않았을까? 일터의 지겨움은 밥벌이로만 보상받는 것이라 생각하지는 않았을까? 삶의 즐거움, 보람, 정치적으로 올바른 행동 따위는 일터에서는 성립하지 않는 것처럼 여기고 살아오지는 않았을까? 삶의 대부분을 보내는 일터를 그저 한 달에 한 번 먹고사는 데 드는 돈을 받는 곳으로만 여기지는 않았을까? 맨 처음 자전거를 탈 줄 알게 되었을 때, 내 손으로 케이크를 처음 만들었을 때, 내가 쓴 논문이 처음으로 학술지에 실렸을 때 느꼈던 가슴 설레던 그 기쁨과 보람을 되찾을 수는 없는 걸까?

해서 많은 직장인들은 꿈꾼다. 돈을 조금 덜 벌더라도(물론 먹고살 만큼 벌어야 한다!) 즐겁게 자신이 하고 싶은 일은 하면서 사는 삶을 꿈꾼다. 즐겁게 일하고 돈을 버는 꿈, 올바르게 일하고 돈을 버는 꿈, 더불어 일하며 돈을 버는 꿈. 현실이 잔혹할수록 꿈을 꾸는 이들도 많아진다. 이루기 어렵지만 버릴 수 없는 꿈, 다른 방식의 일을 꿈꾸는 이들이 많아졌다는 사실은 거꾸로 현실이 더욱 가혹해졌음을 드러내는 또 다른 증거다. 주식이나 부동산 혹은 가상화폐 투기로 대박을 내고 이른 나이에 은퇴하는 꿈(이른바 FIRE족)은 사실 생활인이라면 누구나 가져볼 만한 꿈이다. 그렇지만 그것은 확률이 매우 낮은 복권에 지나지 않으며, 설사 당첨된다 하더라도 특정 개인을 구제하는 데 그칠 따름이다. 좀 더 근본적으로 '일'의 목적이 일에서 벗어나는 데에 있는 것이라면, 우리 삶의 의미는 어디에서 찾아야 하는 것일까?

우리가 노동 시스템을 깰 수 있을까

민간 경제연구소에 근무하던 시절의 이야기다. 매달 연구소에서 발간하는 잡지에 짧은 경제 분석 논문을 쓰는 일이 주된 업무였다. 업무평가에서 매우 중요한 요소 중 하나는 그 논문 내용이 언론에 얼마나 알려지는가 하는 '언론 노출도'였다. 몇 편의 글을 썼으나 전혀 반응이 없었다. 그래서 어느 달엔가는 아예 작정을 하고 선정적인 주제를 잡았다. 증권업계에서 일하는 친구의 조언이 한몫했다. 그 덕분인지는 몰라도 잡지가 나오자마자 몇 군데 신문에 소개되기도 했고 전화지만 인터뷰도 했다. 그러나 정직하게 말하자면 그 내용을 믿을 만한 근거도 별로 없었거니와 학술적으로는 거의 가치가 없는 그런 글이었다.

직접 제품을 만들거나 돈을 벌어들이는 일이 아닌 연구 업무의 특성일 수도 있겠지만, 일을 하면서 누구나 비슷한 상황에 많이 부딪힌다. 예를 들어 이제는 신문 기사가 인터넷 검색 사이트를 통해 재편집돼 실리면서 얼마나 많은 사람들이 기사를 클릭하는가가 매우 중요하고 실제로 '돈이 되는' 일이 되었다. 그 결과 나타난 현상이 기사 헤드라인이 사람들의 눈길을 끌고자 때로는 실제 내용과도 상관없이 선정적으로 변한 것이다. '미녀 스타 A양, 알고 보니…… 충격' 따위의 헤드라인은 연예 기사는 물론 정치 사회 기사조차 예외가 아니다.

스스로 가치도, 믿을 만한 근거도 없다는 사실을 잘 알면서도 그런 글을 쓴다. 기사 내용과 별 상관이 없어 온갖 악플이 달리리라는 것을 알면서도 선정적인 제목을 달아 내보낸다. 돈이 되기 때문이다. 돈이 되기 때문에, 그것이 밥값을 하는 길이라고 생각하기 때문에 때로 우리는 자신의 의지나 신념, 보람과 기쁨 따위는 묻어둔 채 체념 속에서 일하며 살아가고 있다.

그러므로 어쩌면 우리가 자신의 일에서 보람을 찾고 타인의 일에 대해 배려할 수 있으려면 적극적으로 '할 것'을 찾기보다 비교적 소극적으로 '하지 말아야 할 것'을 생각해보는 데에서 출발하는 편이 현실적일지도 모른다. 물론 개인이 애써서 이런 구조를 깨뜨릴 수는 없다. 그렇지만 아무도 깨려고 노력하지 않는다면 결국 그 구조는 그대로 유지돼 강화될 것이다.

대안적 노동, 나아가 대안적 삶을 찾으려는 노력은 여러 차원에서 이루어지고 있다. 아예 사회적기업이나 협동조합처럼 시장경제 안에서 약간 이질적인 존재로서 틈새를 파고들려는 노력도 여러 나라에서 소규모로나마 꾸준히 시도되고 있다. 일본의 사상가 가라타니 고진 같은 이는 생산자 협동조합과 지역통화운동을 연결하는 형태로 자본주의경제의 대안을 찾고자 한다. '레츠(LETS, Local Exchange Trading System)'라 불리는 지역통화운동은 엇비슷한 지역에 모여 사는 회원들끼리 국가가 발행한 화폐가 아닌 자신들만의 화폐로 노동력이나 생산물을 교환하는 형태로 운영된다. 이를테면 내가 다른 누군가를 위해 운전을 해주었다면 거기에 필요한 노동 시간만큼 가상의 지역화폐, 예를 들어 5타임을 받고 장부에 기록해두었다가 나중에 다른 누군가로부터 노동력이나 생산물이 필요하면 5타임 중 일부를 지불하고 사용할 수 있도록 하는 시스템이다. 특징적인 점은 혹시 내가 가지고 있는 지역화폐가 필요보다 부족하더라도 정부에 마이너스로 기록하고 사용할 수 있다는 것이다.

그러나 쉽게 예상할 수 있듯이 지역통화운동이 기존의 시장 교환 방식을 완전히 대체하기에는 역부족이다. 시장에서 쉽게 팔 수 있고 사회적으로 높은 평가를 받는 노동력이나 생산물은 굳이 지역통화 시스템 안으로 들어오려 하지 않기 때문이다. 반대로 시장화하기 어려운 노동력이나 생산물은 지역통화 시스템 안에서 많이 공급될 것이므로 공급 과잉과 수요 부족 문제가 생겨난다. 사회운동으로 생각해 헌신하는 활동가나 열성 회원이 자신의 희생을 감수하고

서라도 지역통화 시스템을 활성화하려고 노력하지 않는다면 사회 전체로 확장되기는 어려운 특성이 있는 것이다. 사실 굳이 지역통화운동이라는 이름까지 붙이지 않더라도 다양한 형태로 이루어지는 재능 기부나 자원봉사 등이 일의 즐거움과 보람을 찾는 동시에 새로운 삶의 방식을 추구하는 행동으로서 의미가 있음에 틀림이 없다.

다른 한편 노동자가 직접 경영에 참가하는 방식을 추구하려는 노력도 있다. 한국에서는 경제민주화를 말하면서도 노동자의 경영참가는 좌파적인 의제로 분류된 탓인지 제대로 논의되지 못했다. 그러나 잘 알려져 있듯이 독일 같은 나라에서는 노동과 자본이 경영상의 주요 의제를 공동으로 결정하는 오랜 전통이 있다. 실제로 기업은 여러 이해관계자가 묶여 있는 조직이며 그중 대표적인 이해관계자가 노동자들이다. 이를 고려한다면 경영의 주요 결정에서 노동자들이 배제되는 것은 민주주의 일반 원칙에 비추어 보더라도 결코 바람직하지 않다. 그런데 경영참가제 또한 제도 자체만으로 민주주의적 원칙이 확립된다고 보기는 어렵다. 예를 들어 우리는 흔히 한국 사회에서 오너 일가가 배타적인 지배권을 가지는 재벌 경영이 얼마나 비민주적인지 비판한다. 그런데 실은 오너가 아닌 대기업이나 공기업 회장이 사장단 회의에서 '격노'해 재떨이를 집어 던졌다는 식의 괴담은 흔하디흔하다. 그러므로 권력의 근원을 성찰하지 않고 그 권력을 끊임없이 견제하려는 개인적·제도적 노력이 뒷받침

되지 않는다면 그저 노동자가 경영에 참가하는 것만으로는 문제가 해결되지 않는다.

경영참가와 결합될 수 있는 노동자 주식 보유도 생각해보아야 한다. 이는 노동자들, 노동조합이 자기 회사의 주식 지분을 상당 정도 보유함으로써 경영참가에 필요한 물질적 근거를 확보한다는 측면에서 이해할 수 있다. 그런데 기업이 시장 체제 안에서 살아남으려면 이익을 남겨야 한다. 그리고 그 이익이 공익(公益)과 충돌한다면 노동자들이 주식을 보유한다고 해서 공익에 부합한 결정이 내려지지는 않을 것이다. 노동자의 연금이나 퇴직금 기금으로 주식투자를 하는 경우, 때로는 투자한 기업의 '구조조정'을 지지함으로써 결과적으로는 넓은 의미에서 동료인 다른 노동자의 목에 칼을 들이대는 꼴이 된다. 사실 구조조정의 가장 큰 효과는 주식 가격 상승으로 나타나는데 노동자들이 주식투자자라는 정체성을 가지는 순간부터 구조조정이건 무엇이건 주식 가격 상승을 원할 수밖에 없기 때문이다.

결정적인 문제는 노동자 경영참가라는 제도만으로 일하는 새로운 방식이 저절로 만들어지지 않는다는 사실이다. 가끔 언론 등에 자유로운 호칭, 카페 같은 사무실, 회사 안 수영장에서 업무 시간에 자유롭게 놀고 있는 직원들, 전문 바리스타가 내려주는 커피, 이메일 통보만으로 자유롭게 쓸 수 있는 휴가제도, 주35시간 노동에 상당히 탄력적인 출퇴근 시간, 그러면서도 회사 매출은 성장세를 보이는, 그야말로 꿈의 직장이라 할 만한 곳들이 소개되곤 한다. 미국의 실리콘밸리에도 이와 같은 경영 방식을 시도하는 곳은 꽤 많다. 그러나 그런 기업도 시간이 흐르고 나면 상사의 갑질이나 오너 일가의 경영권 지배 등으로 그 허상이 드러나는 경우도 많다.

적어도 한 가지 사실만은 분명하다. 개별 기업에서라도 이러한 방식의 일이 가능해지려면 각자가 자신의 일로부터 즐거움과 보람의 요소를 찾아야 할 뿐만 아니라 필수적으로 동료 노동자의 일을 이해하고 배려해야 한다. 물론 그러한 이해와 배려가 그저 각자 어느 날 갑자기 마음을 고쳐먹는다고 얻어지지는 않는다. 우리에겐 시간과 노력이 필요하다.

우리의 일은 지속 가능할까

오래전 새로 생긴 사립대학에 근무할 때의 일이다. 친구인 미대 교수가 금박으로 세공한 기념품 제작을 맡았다. 마치 고구려 벽화에 나올 것처럼 보이는 문양을 디자인한 그는 금은방에 제품을 의뢰했다. 그후 최종생산물을 받아 든 친구는 자신의 의도대로 구현되지 못했다고 투덜댔다. 나는 농담 삼아 "그래서 세상은 노동자가 움직이는 거야"라고 말해주었다. 일의 연쇄 속에서 상대적으로 높은 위계에 있는 듯한 일(이 경우는 디자인)이 제아무리 훌륭하더라도 상대적으로 낮은 위계에 있는 듯한 일(이 경우 금은세공)이 받쳐주지 못하면 무의미하다. 저자가 제아무리 훌륭한 텍스트를 집필하더라도 교열 노동이 부실하다면, 나아가 텍스트를 읽고 받아들이는 독자가 엉뚱한 의미로 읽어낸다면, 일의 연쇄는 헝클어진다. 1장에서 말한 것처럼, 필수 노동이 없다면 감염병 시대의 비대면 활동도 지탱될 수 없다. 이렇듯 모든 일의 연쇄는 맞물려 돌아가며 하나의 커다란 의미망(Semantic network) 안에 들어가 있다.

최근 부쩍 유행하는 경영 용어로 ESG가 있다. 내 전공이 '마르크스경제학의 가치론'이라는 분야인 탓에 (실상은 전혀 상관이 없음에도) 기업의 가치 창출 등에 관해 자문을 구하는 이들도 있다. 일본의 경제산업성에서는 이미 2017년에 ESG와 관련한 안내서를 출간하기도 하였다. ESG는 환경(Environmental), 사회(Social), 지배 구조(Governance)의 두문자를 딴 용어다. 아마도 기업이 단지 가치를 생산하는 주체에서 벗어나 가치를 소비하는 주체인 소비자와 원활히 의사소통하면서 환경적으로나 사회적으로 지속 가능한 발전을 추구하자는 의미일 것이다. 이때 강조되는 것이 서로 협력하여 공동의 가치를 창출하는 것(Co-creation)이다. 기업의 사회적 책임(CSR, Corporate Social Responsibility)을 강조하던 연전의 유행과 연속선상에 놓여 있는 흐름이다.

'일'의 얘기를 마무리하는 지금 나는 문득 ESG를 노동 관점에서 재구성할 필요가 있다는 있다는 생각이 들었다. 자본의 관점에서 ESG는 사회적 책임성을 유지하면서 소비자 등 외부자와 원활히 의

사소통해 공동의 가치를 추구하는 것이다. 그러나 자본은 어디까지나 이윤 추구가 본질이라는 점에서 ESG에는 한계가 있을 수밖에 없다. 이윤과 사회적 책임(그것이 환경이건 지속 가능성이건 간에)이 서로 모순될 때 자본은 이윤을 선택할 수밖에 없기 때문이다. 만약 어떤 이유에서건 자본이 사회적 책임을 선택한다면 역설적으로 ESG를 강조할 필요도 없을 것이다. 그렇지만 노동의 관점은 생계유지와 일의 의미, 나아가 '삶의 의미'를 찾는 데에 있기 때문에 얘기가 다르다. 내가 수행하는 노동이 단지 동료나 고용주와의 관계를 넘어 그 노동의 효과를 누리는 사람들, 나아가 이들 모두로 구성되는 사회 전체로까지 확장된다는 사실을 끊임없이 묻고 확인하는 것, 그것이 비유하자면 노동 관점에서의 ESG일 것이다.

노동 관점에서의 ESG

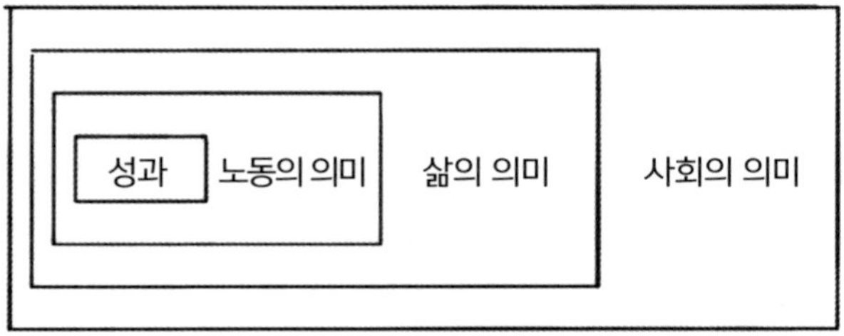

물론 노동자는 고용주와 권력관계로 맺어져 있다. 공동의 가치를 만들어내려면 평등한 관계, 즉 권력에 의해 지배되지 않는 관계가

전제되어야 한다. 권력은 어느 개인의 힘이나 선의로 없어지는 것이 아니다. 더구나 플랫폼경제의 핵심은 모든 행위자의 관계를 플랫폼과의 관계로 일원화함으로써 행위자들 서로의 의미가 사라지도록 하는 데에 있다. 그러나 때로는 지겹기 짝이 없는 나의 노동이 사회 전체가 지속하는 데 기여하는 의미를 파악하는 것, 그리고 그 의미를 확장하는 것이야말로 내 노동의 의미를 되찾는 첫걸음이 아닐까?

당장 우리의 일터를 꿈의 직장으로 만들 수는 없을지라도 우리 일의 어느 순간, 어느 국면에서 꿈을 실현하는 것은 가능하다. '관계를 거래'로 만들어가는 흐름을 한 번에 되돌릴 수는 없다. 하지만 우리가 일상적으로 마주치는 거래 상대와 동료의 삶을 들여다보고 이해한다면 짧은 순간이나마 어느 순간에는 '거래에서 관계'로 역전하는 것도 가능하다. 비록 오랫동안 지속될 수 없고 금세 다시 제자리로 돌아가버린다고 하더라도 끊임없이 시도할 때, 비로소 장기적으로도 새로운 삶의 방식이 등장할 전망을 열어젖힐 수 있는 것이다.

에필로그

그것은 그야말로 홍콩 누아르 영화의 한 장면이었다. 누구 말마따나 질 것을 알면서도 싸워야 할 때가 있는 법이라고 외치는 듯했다. 빈틈이라곤 없어 보이는 적진에 뛰어들어 가망 없던 형세를 반전시킬 수를 찾아냈으나 결국 마지막 한 발의 총알이 부족해 장엄하게 무너지는 모습. 그 처절함을 어렴풋이나마 이해할 수 있을 만큼 바둑을 배웠음이 원망스러울 정도였다. 2016년 3월에 열렸던 알파고와 이세돌 9단의 세 번째 대국 얘기다.

인공지능과 인간의 대결, 노동의 종말, 사이보그가 지배하는 암울한 미래. 한판의 바둑이 가져다주는 은유와 기호는 끝없이 이어진다. 개인적으로는 가장 충격이었던 세 번째 시합을 보고 나서 나는 그것이 지식 노동(자)의 미래를 상징하는 장면이라 생각했다. 그런데 되씹어보니 그것은 이미 우리의 현재인 듯하다. 인터넷에서도 화제가 되었던 아자황 박사. 아마추어 6단의 실력자이고 바둑과 인공지능 연구로 살아왔다는 그는 때로는 나 정도 하수가 보기에도 말이 안 되는 '떡수'도 그저 인공지능이 시키는 대로 또박또박 갖다 놓았다.

인공지능의 등장은 이른바 숙련의 상당 부분을 해체할 것이다. 아자황 박사의 에피소드에서 알 수 있는 바와 같이, 아마도 그 해체의 대상은 어중간한 정도가 아니라 꽤 높은 수준의 숙련마저 포함할 것이다. 그렇지만 이 에피소드는 굳이 인공지능을 끌어올 필요도 없이 우리가 매일매일 일터에서 부딪히는 일의 모습을 상징적으로 보여주는 것이다. 어쩌면 우두머리가 바뀌면 신념도 바뀌고(그에 맞춰 바꾼다는 표현이 정확할 것이다!), 마땅한 자리가 주어지면, 아니 마땅한 자리를 얻으려고 말을 바꾸는 정치인이나 관료, 오너가 시키는 일은 어쩔 수 없다는 핑계로 묵묵히 수행하는 우리는 이미 그 누군가의 하수인이 아닌가? 권력의 연쇄에 맞춰 편성된 일의 연쇄가 길어질수록, 각각의 단위에서 일하는 이들의 일은 육체적 피로라는 고통(Toil and trouble)은 줄어들더라도 개별적인 일의 의미는 상실되기 쉽다.

'유흥주점형 경제모델'은 일을 쪼갬으로써 각각의 일의 의미를 왜소화하고 책임은 전가하는 구조를 갖추고 있다. 그것이 진화한 플랫폼경제는 한술 더 떠 모든 행위자를 하나의 커다란 그물망 속에 편입시켜 잉여를 짜낸다.

물론 이 모델의 구조 자체를 바꾸는 것은 노동자 개인이 할 수 있는 일이 아니다. 그러나 철학자 마르쿠스 가브리엘이 《왜 세계는 존재하지 않는가》에서 얘기한 것처럼, 세계는 일정한 의미의 그물망 속에서만 존재한다. 그의 비유를 번안하자면, 설악산(가브리엘은 이탈리아의 화산인 베수비오를 예로 들었다)은 내가 언제 어디에서 어떤 느낌으로 바라보는가에 따라 다른 의미를 지닌다. 인터넷에 올라와 있는 설악산의 경치는 어떤 의미에서는 부재(不在, 존재하지 않음)에 지나지 않으며, 내가 설악산 앞에 서서 바라볼 때 비로소 현존하게 되는 셈이다. 이와 마찬가지로 나의 일이 익명의 '보통명사'가 아니라 실명의 '고유명사'가 될 때, 비로소 나는 일의 의미, 나아가 삶의 의미를 찾아낼 수 있다. 내 개인의 행동이 사회 전체의 구조와 맞닿은 지점을 알아차리는 것, 그것이 사회과학적 관점이다. 일의 의미 또한 사회과학적으로 볼 때 파악할 수 있다. 예를 들어 보편적 기본소득은 모든 시민에게 최소한의 기본 역량을 실현하는 데 필요한 물질적 근거를 제공해준다는 점에서는 의미가 있다. 그러나 그것이 노동과 여가를 이분법적으로 나누고 삶의 의미를 찾는 활동은 여가에 맡기자는 발상으로 이어진다면, 하루의 가장 많은 부분을 차지하는 우리의 일은 어떤 의미가 있는 것일까? 톨레랑스라 표현하건 공감이라 표현하건 간에 나와 함께 일의 연쇄 속에 놓인 다른 이들의 일을 이해하고 배려하려는 노력도 필요할 것이다(이 연쇄에는 당연히 소비자도 포함된다). 물론 그것은 어느 개인의 선의만으로 이루어질 수 없다. 역사상 그 어떤 권리도 기득권층의 자발적이고 자비로운 양보를 통해 이루어진 적은 없다. 궁극적으로 우리가 일하는 곳, 즉 일터와 그 일터에서의 각 일의 연결 단계에서 민주화가 이루어져야 한다. 필수적이고 본질적인 노동에 걸맞은 사회경제적 보상이 주어져야 함은 물론이다. 그 작은 출발은 나와 너, 그리고 '그들'이 겪는 일의 고통과 슬픔, 즐거움의 가능성을 이해하는 것에서 시작한다.